中央民族大学"985工程"三期工程建设项目

语言学及应用语言学学科博士文库

壮族麽经布洛陀语言研究

ZHUANGZU MOJINGBULUOTUO
YUYAN YANJIU

何思源 著

中国社会科学出版社

图书在版编目（CIP）数据

壮族麽经布洛陀语言研究 / 何思源著. —北京：
中国社会科学出版社，2012. 12
ISBN 978 - 7 - 5161 - 1823 - 8

Ⅰ. ①壮… Ⅱ. ①何… Ⅲ. ①壮语 - 研究 Ⅳ.
①H218

中国版本图书馆 CIP 数据核字（2012）第 288340 号

出 版 人	赵剑英	
责任编辑	任　明	
责任校对	纪桂英	
责任印制	李　建	

出　　版	中国社会科学出版社	
社　　址	北京鼓楼西大街甲 158 号（邮编 100720）	
网　　址	http://www.csspw.com.cn	
	中文域名：中国社科网　　　010 - 64070619	
发 行 部	010 - 84083685	
门 市 部	010 - 84029450	
经　　销	新华书店及其他书店	

印　　刷	北京奥隆印刷厂	
装　　订	北京市兴怀印刷厂	
版　　次	2012 年 12 月第 1 版	
印　　次	2012 年 12 月第 1 次印刷	

开　　本	710 × 1000　1/16	
印　　张	9.5	
插　　页	2	
字　　数	170 千字	
定　　价	45.00 元	

序

　　《麽经布洛陀》是一部源自原始宗教又屡经变异的壮族宗教经书。在何思源的《壮族麽经布洛陀语言研究》中，把《麽经布洛陀》称作"壮族社会演变的'全息记录'"，《麽经布洛陀》的确为后人保留了壮族历史的丰富而深切的记忆。《布洛陀》有很多本子，它们分别流传在不同的壮族分布区，内容有同有异，各有侧重，文字和语言又因时代和地区的不同而互有差异。《布洛陀》中记载着壮族先民对于宇宙形成、万物由来、取火求雨、造房建屋、经营农业、创造文字、制定历法、编经书、铸铜器以及官家产生、人际相处、治病消灾等等的认识。把这些本子综合起来研究，可以看到壮族古代的地理环境、婚姻状况、社会习俗、生产方式、政治制度、民族关系等等。可以说，这是一套壮族古代社会和历史的百科全书。诚如作者所言，分散在这些文化记忆中的拼图的片段，并不能复原历史的真实，但也可以求索某些记忆的原型，寻找这些拼图与真实的联系。

　　由于《布洛陀》中凝聚着壮族古代各个地区、各个时期历史的片段，于是也就保留了各个地区各个历史时期语言文字的痕迹。格里姆说我们的语言也就是我们的历史。通过历史我们可以更深入地了解我们的语言，通过语言我们也可以更深切地了解我们的历史。何思源的著作主要依据《壮族麽经布洛陀影印译注》所汇辑的29种不同地区流传的手抄本，分析、研究麽经中方块壮字的产生、分类及演变，研究词汇中的古代词、文化词、方言词和特殊的语法现象，并在此基础上透视壮族古代社会的各种现象。材料的可信度是没有问题的，因为《壮族麽经布洛陀影印译注》对各种手抄本坚持一字不改、一句不删的原则，达到了古籍整理最严格的要求。何思源的分析也是严谨的，而且有自己的视角，有自己的侧重点。把对语言文字的分析蔓延到各个社会文化方面，扩大到民族关系和地名等问题，这既是一部语言学著作，也是一种社会史的研究。更确切地说，这是一部文化语言学的著作。

　　古籍是历史的记录，同时也是语言研究的宝库。古籍中总是保存着语言中最经得起考验的成分。随着时间的推延，古代语言中有些成分要消失，有些成分会变化。《布洛陀》中的语言忠实地记录了不同时期、不同地区的壮语情况，而且使用了不同的文字形式来表现，内容是十分丰富的。 由于方块壮字是在汉字的基础上改动变化而成的，各地书写的方法很不相同。这种不规范的情况既引发了方块壮字使用中的混乱，也提供了比较研究的巨大空间，也使何思源有了深入剖析的可能。

《布洛陀》为壮族古代语言的研究提供了丰富的素材。研究民族古籍的语言和文字，可以更好地了解这个民族文明的发展史，从历史观察未来。壮族是秦汉时百越族群的重要成员，有悠久的历史。长期在民间流传，经各地经师写定的《布洛陀》有广泛、坚实的群众基础，其中保留的是当时生动、鲜活的群众语言。研究这样的语言，可以挖掘壮族先民的历史智慧，也有利于当今的民族语言保护工作，为壮语的生存和发展开拓更宽阔的天地。在这个意义上，何思源的著作不仅有学术价值，也有现实意义。

民族古籍中也体现了本民族特有的思维方式。一个民族特有的思维方式最好地体现在他们的语言中。研究一个民族语言的词汇、语法和地域分布的情况，也能为这个民族的思维方式的研究留下很大的可能性。在这个方面，何思源还可以作进一步的研究。

在保护民族传统文化的声浪中，壮族《经书布洛陀》的研究也愈来愈引起人们广泛的关注，但对《经书布洛陀》语言的研究，仍是一个薄弱环节，何思源为此作了一件有意义的工作，特作序以表祝贺。

张公瑾

2012 年 7 月 22 日

目　　录

前　言

　　壮族人民在长期的社会发展中创造了灿烂的民族文化。在漫长的发展过程中，形成了自己的传统宗教"麽教"。麽教具有悠久的历史，有些壮族学者从历史学、人类学和考古学的资料出发，认为麽教起源于越巫，产生很早，大约在秦汉时期已经存在于壮族民间了，麽教的历史渊源可以追溯得更远，直至原始社会，越巫只是麽教发展过程中的一个阶段，或者说是秦汉以来汉文经籍对壮族先民信仰的称谓，《史记·孝武帝本纪》和《赤雅》均有越巫的记载。越巫经过巫觋分离的过程，大约到唐宋时期，受到道教的启发和影响，分散的巫公逐步向小团体化发展，在明清时期形成准宗教。①虽然由于历史文献和考古资料的局限，我们已很难把握麽教形成的具体脉络，但是从文化史的角度看，麽教是在壮族传统文化与汉族传统文化的交流与碰撞中，受到汉文化的影响和刺激，吸收其合理观念后逐步形成的。作为传统文化核心层面的特殊文化，麽教对壮族民众尤其是先民的社会生活和精神生活有着广泛而深刻的影响。

　　麽教崇奉创世神布洛陀为为至上神和教祖，有整套的法事仪式和相应的一系列原为口头传承的诗体祝词。这些祝词后用方块壮字记录传抄而成"司麽"。麽教神职人员——布麽，作麽教法事"古麽"时要喃诵"司麽"。大凡布麽作法事"古麽"时，都必须请布洛陀和米洛甲亲临，"去问布洛陀，去问米洛甲，布洛陀就答，米洛甲就说"是麽经中祈神解难的固定范式，因此民间把这类麽经又称作"司麽布洛陀"，即"麽经布洛陀"（"司"即壮语的"书"，"司麽"即麽教经书，简称麽经。"司麽布洛陀"即"布洛陀麽经"的意思）。

　　麽经布洛陀流传于我国广西红水河流域、左右江流域、龙江流域及云贵南北盘江流域的广大壮语、布依语地区（布依族的称为"摩经"以和壮族的相区别），历史悠久，源远流长。手抄本用方块壮字以五言或七言押腰脚韵或头脚韵壮族诗体形式抄录，手工装订成册后由布麽师徒珍藏、传承。麽经布洛陀各篇独立成章，不同的章节有不同的功效：当主家遇到喜庆吉

---

① 梁庭望：《壮族文化概论》，广西教育出版社 2000 年版，第 460 页。

祥之事时，常请布麽唱诵"造天地"、"造万物"、"祝寿经"和"献酒经"等；当遇到家庭失和、家宅不宁时，就请布麽唱"解婆媳冤经"、"解父子冤经"、"解母女冤经"等等。因此可以说，麽经布洛陀具有很强的社会功用性，内容丰富而形式不定，经典仍不完全规范统一。虽然各地流传的经书不一，但其内容大体相同，功能基本一致。

　　麽经布洛陀作为凝聚了壮族宗教信仰、哲学思想、伦理道德、民间艺术、语言文字等方方面面内容的经书典籍，其研究价值是不言而喻的。由张声震主编，广西民族出版社 2004 年出版的《壮族麽经布洛陀影印译注》（八卷本）是整理者将在广西右江流域、红水河中上游及云南文山州壮族地区搜集到的 29 本麽教经书汇辑而成的。该书对选定的麽经手抄本严格按照一字不改、一句不删的原则进行翻译整理，完整保留了麽经手抄本的原貌。原抄本和四对照译文两者合为一体共 527 万字的篇幅，对各抄本古壮字不作文字规范，保留了各地方创造运用古壮字的多样性；适当突破壮文方案，如实标记麽经抄本来源地区的壮语方言语音，给世人提供了第一手的语言学资料。从内容上看，许多篇章与天地由来、人类起源等有关，可以看做壮族的创世史诗；从文字上看，古壮字的造字原则有人类文字产生的共性、语言类型所带来的必然性，也是文化接触与交流的结果。从各地壮字用字的不同上看，体现了壮语方言的内部差异和汉语方言的流播史；从词汇上看，麽经包含了丰富的宗教术语、古词、方言词；从语法上看，壮语的特殊语法及一些语法化过程仍保留在典籍里。壮族历史上缺少系统的有关本民族的历史、文化、语言等方面的文字记载，《壮族麽经布洛陀影印译注》的出现弥补了这方面的空白。

　　语言文化内容丰富的典籍，对语言研究来说是品位很高的矿藏。麽经布洛陀的语言学研究，对于突破现代壮语口语资料的有限性、深入发掘壮族的语言文化内蕴等方面来说，自有其独特意义，这就是本书选题的目的和意义所在。

　　目前对麽经布洛陀的研究，多侧重在宗教学、民族学、人类学、思维认知等方面。代表作有牟钟鉴的《从宗教学看壮族布洛陀信仰》（《广西民族研究》2005 年第 2 期），黄桂秋的《论壮族麽教主神布洛陀》（《百色学院学报》2006 年第 1 期）和《壮族民间麽教与布洛陀文化》（《广西民族研究》2003 年第 3 期），覃乃昌的《布洛陀：珠江流域原住民族的人文始祖》（《广西民族研究》2004 年第 2 期）、《〈麽经布洛陀〉与华南珠江流域的稻作农业——〈麽经布洛陀〉与稻作农业史研究之一》（《百色学院学报》2008 年第 4 期）、覃彩銮的《布洛陀神话的历史文化内涵》（《广西民族研究》2004年第 1 期），徐赣丽的《壮族民间诗歌的优秀篇章——布洛陀经诗的文化意蕴》(《广西民族研究》2000 年第 1 期)、《壮族〈布洛陀经诗〉哲学意蕴初探》(《广西民族研究》1998 年第 2 期),王敦的《信仰·禁忌·仪式:壮族麽经布洛陀的审美人类学发微》(《广西民族研究》2011 年第 2 期)、潘其旭的《壮族〈麽经布洛陀〉的文化价值》(《广西民族研究》2003 年第 4 期),潘春见的《论经诗〈布洛陀〉的审美思维特点》(《广西大学学报》(哲学社会科学版),1999 年第 5 期),刘丽琼的《壮族先民审美观念的艺术胚胎——论壮族神话的审美内涵》(《桂林市教育学院学报》(综合版),1998 年第 3 期),王晓宁的《从〈布洛陀〉看壮族原始宗教中音乐、舞蹈、诗歌起源说》(《艺术探索》1997 年 S1 期)、苏锦春《〈壮族麽经布洛陀影印译注〉动植物词文化意义初探》(广西大学硕士论文,2010 年)等等。这些文章对麽经布洛陀进行了或分析或综合的研究,为我们全面深入了解壮民族这一经典巨著提供了难得的资料信息。

相对而言,从语言角度对布洛陀麽经进行分析研究的比较少。蒙元耀的《论〈布洛陀经诗〉的语言价值》(《民族语文》1995 年第 1 期)是从语言角度切入对麽经进行研究的开启之作,他指出可在麽经的字、词、语法、语用四个方面进行研究,但也只是点到为止,并未进行进一步的分析。梁庭望先生的《古壮字结出的硕果——对〈壮族麽经布洛陀影印译注〉的初步研究》(《广西民族研究》2005 年第 1 期)是着重从文字方面对麽经进行的分析研究之作,对本论文的选题有很大的启发作用。近年出现的研究新作还有杨粒彬、张宗的《〈壮族磨经布洛陀影印译注〉版本词汇比较》(《哲理》(论坛版)2009 年第 10 期)、莫柳桂的《古壮文典籍〈広哛佈洛陀〉词汇研究》(中央民族大学硕士论文,2010 年)、谢多勇的《〈布洛陀经诗〉中的古壮字和壮语词汇》(《广西社会科学》2007 年第 1 期)、黄南津、杨粒彬的《〈壮族麽经布洛陀影印译注〉词汇频率分布研究》(《创新》2012 年第 2 期)等,都在某一领域形成了一定的研究深度。如果抛开麽经布洛陀本身,对古壮字进行研究的文章则相对较多,从韦庆稳《广西壮族的方块文字》(1953 年)、张元生《壮语人民的文化遗产——方块壮字》(《中国民族古文字研究》,中国社会科学院出版社,1984 年)到黄笑山《方块壮字的声旁和汉语中古韵母》(《中古近代汉语研究》,上海教育出版社,2001)、韦达《壮族古壮字的文化色彩》(《广西师范大学学报》(哲学社会科学版),2002 年第 4 期)、王彩《方块壮文构造法与理据性新探》(《湖州师范学院学报》2005 年第 6 期)、林亦《谈利用古壮字研究广西粤语方音》(《民族语文》2004 年第 3 期)、郑作广《古壮字中的"古无轻唇音"遗迹及其成因》(《广西大学学报》(哲学社会科学版),1996 年第 1 期)、季克广《借音壮字所反映的声母系统的研究》(广西大学硕士论文,2005 年),这方面的论述可谓层出不穷。把古壮字的研究与麽经布洛陀研究结合起来，推进研究深度，是一个新的研究方向。

从语法、语用、文化内核、民族文化交流等层面对麽经进行分析，这方面的文章目前尚未见到。引入现代语言学的相关理论进行分析研究，是本文的特点所在。

本文采用分析与综合、静态与动态、共时与历时相结合的方法，多角度多层面对麽经布洛陀进行文化语言学方面的研究。当然，不能为了语言而语言，语言是与文化、民族观念习俗、思维认知等联系在一起的，在对麽经进行研究时，自然会涉及这些方面的内容。

再者，麽经不是一时一地的产物，它经过历代传承，最后成书时，已经杂糅了多方面复杂的因素，因此多层次进行分析尤显必要，体现在本书中，就是内容的琐碎和庞杂。本书将试图用一些民族学、民俗学理论对之进行分析总括，这将在文章的最后部分有所体现。

本文的语料来源自然是 8 卷本的《壮族麽经布洛陀影印译注》及之前出版的一些布洛陀经书如《布洛陀经诗译注》[①]等，另外，也使用《壮语方言研究》[②]、《现代壮语》[③]、《壮语通论》[④]、《壮语特殊语法现象研究》[⑤]、《靖西壮语研究》[⑥]这几本著作提供的例句，作为现代壮语口语语料的补充。

本论文的内容大致如下：

前言：介绍麽经布洛陀。麽经布洛陀作为壮族原生态文化的百科全书在研究壮族文化和历史方面的价值和意义、研究现状。指出从文化语言学角度对麽经进行分析的独特性。本文所用的理论、方法及语料来源。

第一章：介绍《壮族麽经布洛陀影印译注》收录的抄本的基本概况。包括各个抄本的年代及其内容、抄本的年代上限考证。

第二章：麽经用方块壮字撰写而成，因此对麽经用字的分析研究是基础。麽经方块壮字的性质、来源、分类。分析得出麽经方块壮字借用汉字表音的规律，指出麽经用字不是一个时代的产物，它们反映了壮语内部的方言分歧和不同时期广西的汉语方言的流播与分布情况。方块壮字和汉语异体字、方言字、境外汉字系文字之间的异同。通过对比研究指出其间相似性、趋同性有类型学的必然也是文化传播的结果。

① 张声震：《布洛陀经诗译注》，广西人民出版社 1991 年版。

② 张钧如等：《壮语方言研究》，四川民族出版社 1999 年版。

③ 蒙元耀：《现代壮语》，民族出版社 1995 年版。

④ 韦景云、覃晓航：《壮语通论》，中央民族大学出版社 2006 年版。

⑤ 覃小航：《壮语特殊语法现象研究》，民族出版社 1995 年版。

⑥ 郑贻青：《靖西壮语研究》，中国社会科学院民族研究所 1996 年版。

第三章：对麽经的词汇进行研究。麽经词汇异常丰富，保存了有关宗教、生产、生活方面的大量词汇，对这些词汇的分析包括：方言词、古词所包含的文化意蕴，量词、临摹词的结构形态、功能特征等等。

第四章：语法层面。从句法、语义和语用三个方面着手对麽经的语法现象进行研究。特殊的语法现象也要分两类进行分析：是文体需要还是壮语本身的特点？与现代壮语口语进行比较，说明麽经里保留的用句，印证了某些语法化途径。如壮语持续体标记ju⁵的来源、语法化过程；表给予、被动、使役、处置、为、向、对的"给"的语法化过程；等等。麽经具有宗教的庄严和世俗的轻松的双重性，对其语用进行分析。

第五章：麽经不是传统意义上的历史文献，但它为我们考察壮族的社会文化提供了一个本土视角。把麽经作为一个文本，用"历史记忆"的理论进行分析，不难发现，在其宗教语言的背后，"全息"记录了历史文化的变迁过程，蕴涵着壮民族的精神内核。另一方面，麽经不是一个时代的产物，不是严格意义上的历史文献，它在历代传承中加进了不同时期的时代特点，我们称之为"当代情境"。从麽经表现的历史发展进程、麽经的民族关系和麽经记录的地名三个小节看麽经透露出来的时代信息和族群记忆。

最后为结论部分。

本文在语言和文化两个方面对麽经进行研究，力图二者兼顾。当然，语言方面比较偏重一些。

第一章 《壮族麽经布洛陀影印译注》收录抄本的基本概况

第一节　麽经抄本内容

《麽经布洛陀影印译注》（以下简称《译注》）收录了来自广西百色市右江区、田阳、田东、那坡和河池市巴马、东兰、大化。及云南西畴等地的29个手抄本，每个抄本各成体系，分属8卷，各抄本的内容如下：

第一卷：共3个抄本。

《麽请布洛陀》（编号巴马9），布麽祈请祖神布洛陀和麽渌甲降临梳理治乱，歌颂讲述祖神造天地万物并安置天下的功绩，请求祖神禳解主家的殃怪。

《吆兵全卷》[①]（编号巴马4），即"做麽禳除凶兆用的麽经全书"，较为详尽地包括了请神、造物、解冤、做哏、做叭、还愿、做寿等内容。

《厷哏佈洛陀》（编号巴马1），分两大部分，前面部分是麽哏叭经文，内容有造天地、造麽哏、造火、造文书、造解冤等，后半部分属赎魂经，包括"麽赎稻谷魂"、"麽赎水牛黄牛马魂共卷"、"麽赎猪魂"、"麽赎鸭雞鵝魂"、"麽赎鱼魂"等。

第二卷：共3个抄本。

《麽叭科儀》（编号巴马10），共有开篇、造天地万物、造水和江河湖海、解父子冤、造土官、造做麽、造文字历书、造火、解婆媳冤、狼九請叭隆了（意即"第九章请冤鬼下来完"）、狼十送叭批五方（意即"第十章送冤鬼去五方"）、先請祖宗各位神目（意即先请祖宗神和各姓神灵名目）等篇章。

《九狼叭》（编号巴马3），开篇请布洛陀和麽渌甲之后，陈述了天地形

成以来，人世间的种种天灾和人伦不正带来的祸害：天地相叠、天旱、五方冤怪降临、人们不拜神社，不敬老，兄弟相争、父母相打、夫妻相骂、婆媳反目等等。祈请布洛陀，禳解灾祸，赎魂归位，保佑主家平安。

《六造叭》（编号巴马11），包括开篇及正文六章，每章以"第造△叭"、"大造△叭"作为章题，各章内容依次为：敬请布洛陀、建干栏造房、造火、祖王漢王、麽祈祷、送冤怪等。

第三卷：共5个抄本。

《麽叭床甩一科》（编号田阳3），意即"在布洛陀神座前做麽叭的一个法事仪式"，分七章，开篇请布洛陀来禳解灾难，接下来的六章分别为解父子冤、火种的由来、攘除、剥离不祥之兆，避免灾祸、汉王祖王之争、解元仪规、请殃怪送殃怪、祈愿主家安康等。

《麽使盅狼甲科》（编号田阳5），"使盅"指彩虹，"郎"即篇章，"甲"指孤儿，"科"即科目、类别，题意为麽诵彩虹经、孤儿经。壮族民间，不少地方把彩虹的出现当做一种殃怪、一种不祥之兆，会发生死人、死牛马、火烧房子，泉水、井水、河水被喝干等灾难，要举行法事来禳解。关于孤儿的故事，不少麽经唱本里都提到，该抄本内容比较完整，主要是说孤儿自幼失去父母，由外公外婆抚养成人，后受虐待外出流浪，被布洛陀、麽渌甲收留，教他做麽，出师后专门替人家解孤儿冤。抄本分六章，依次喃诵造火、造铜制铜刀、喃诵变身成"甫道"（作法事的人）、喃诵螟虫造怪、喃诵彩虹造冤怪、喃诵孤儿的经历。

《哑兵棹座爻科》（无编号），意即用于做解除凶兆的麽经几个科目。分十章，请祖神之后，念诵攘除法事的经文，列数各种殃怪和凶兆，祈求主家人畜平安。接下来唱诵布洛陀为人类创麽教、编经书、祭鬼招魂、安定天下的功绩；阿正射太阳的故事；禳解在谷仓、灶台上出现的灾害、禳解婆媳、兄弟、夫妻、叔伯之间的争斗。最后是赞颂布洛陀法刀的神奇魔力：只要布麽挥舞法刀，就能驱邪消灾，转危为安。

《麽兵甲一科》（编号田阳8），"兵"和"甲"都指法事仪式，整个题目意即"麽诵兵、甲法事仪式合一科目"。分十章，前五章唱诵布洛陀造麽、土司皇帝、文字历书、造火、造干栏的功绩，第六章至第八章是专门的攘除殃怪的法事仪式，第九、第十章是祭亡灵。

《雜麽一共卷一科》（编号田阳9），"雜麽"指在内容和功用上不同类别的麽经。"一共卷"即合放在一卷里。分四章，分喃诵解凶神恶煞、喃诵解冤家、喃诵赎稻谷魂、赎殇者灵魂等几部分内容。

第四卷：共5个抄本。

《本麽叭》（编号百色1），内容可谓禳解劝世麽经的集成，分二十二章，开篇唱述祈请祖神布洛陀、麽渌甲的原因和目的，其余二十一章可归纳为三大类：第一，解冤经；第二，赎魂经；第三，祈禳还愿经。

《狼麽再冤》（编号百色2），意即麽诵解除冤怪篇章。分土官和土民之间冤仇的根源及断除办法、调和晚辈与长辈之间的关系、祈求家庭和睦安乐、阴曹地府之王——王曹的故事、用狗头判别精怪、解除狂癫痖怪等几大篇章。

《闹混懷一科》（编号田东1），意即招水牛魂一个科目。不分章节，为赎牛魂经。

《麽奴魂耕一科》（编号为田阳6），为赎稻谷魂经。

《赎魂耕呕》（编号巴马6），也是赎稻谷魂经。

第五卷：只有《麽送觚》（编号东兰2）抄本，为超度正常死亡者的经书。

第六卷：共4个抄本。

《布洛陀孝亲唱本》（编号东兰5），整个题意为虔诚敬祭布洛陀麽经。各章节自成体系，内容稍显驳杂混乱，有分述古时人们还不会各种法事之前，出现了种种不祥之兆和灾祸，请众神来消灾的，有天地万物的由来的，有杀牛祭祖宗经、祭孝经等等。

《占杀牛祭祖宗》（编号东兰1），是杀牛祭祖先和神仙的唱词。

《呼社布洛陀》（编号东兰3），"呼社"是抄本经文中请神通神的呼唤用词，内容分前后两大部分，前部分主要是唱诵布洛陀开天辟地造万物的功绩，后半部分是超度亡灵经。

《佈洛陀造方唱本》（编号东兰4），都是叙唱布洛陀创造万物的内容。

第七卷：共4个抄本。

《漢皇一科》（编号巴马8），意即麽诵漢王故事的一个科目，属于解兄弟冤家的经书。

《麽漢皇祖王一科》（编号田阳7），讲述漢王祖王两兄弟从相争相斗，到结怨招灾，最后化解和好的故事。

《麽王曹科》（编号巴马7），讲述了掌管阴间地狱殇死者的鬼王——王曹出生、长大、战死，后被封鬼王的经历，布麽喃诵经文，请王曹允许殇死鬼的令狐今年返回祖宗灵魂栖身之地。

《吆王曹吆塘》（编号田阳4）妇女分娩难产而死，其灵魂所居住的地方叫"血塘"，灵魂在血塘里不安宁，喃请鬼王王曹，让其归宗。

第八卷：共4个抄本。

《麽荷泰》（无编号），是云南文山州壮族侬支系众多麽经中的一种，在丧葬仪式中念诵，不分章节，内容有：请诸神到祭场；讲述远古先民发现铜矿炼铜铸铜器；汉王与祖王两冤家兄弟的争斗；请亡灵上供桌；举行为死者整容仪式；讲述鸡卜的由来和怎样用鸡卜判卦辞；记载早期人类遭遇干旱和洪水灾害，布洛陀拯救人类等。

《正一刘事巫書鞦五楼川送鸦到共集》（无编号，本文简称那坡本），为丧葬法事麽经，主要内容是：布麽唱述主家灾变病亡的缘由，皆因那些勾魂鬼、吃人肉的邪鸦和雌雄二鬼作祟，致使亡魂落入"楼川"（阴森荒野）或游散，祈问布洛陀和麽渌甲，解难除凶，赎魂回归。

《麽破塘》（无编号），也是引渡或解救血塘冤中的妇女灵魂的布洛陀麽经。

《哑双材》（编号百色 5），题意为解除双棺凶怪，为丧事麽经。

布麽喃诵经文，不是整本从头念到尾，而是根据主家的要求或主家发生的事情，由布麽有针对性地选择经文中的一两章来念。因此，抄本内部各章之间缺少连贯性和统一性。每个章节，大多为追述灾祸的由来、为消除灾祸先人做了些什么、现今该举行什么样的法事仪式等内容，体现出强烈的功利色彩和入世意识。虽然所有收录的麽经都尊布洛陀为祖神，但多神崇拜的痕迹依然很重。如《宏哄布洛陀》（编号巴马 1）里就有火灰王、火灶神（252 页），有盘古（263 页），混沌、老君（266 页）、虾王（300 页）等神祇，231 页的奶王母（神农婆）、奶王芒等更是有女神崇拜的痕迹。其余的抄本里还有甽岜（雷神）、甽泺（水神）、漢王、祖王、菩萨等神灵。这些神灵之间没有严密的联系，也还没有形成一个完整的神祇体系，原始多神崇拜还十分明显，而且原始崇拜和外来宗教杂糅在一起，这表明麽教处在原始崇拜向人为宗教演进的时候，受到了汉族文化的渗透和影响。

第二节　麽经成书年代

《译注》的《前言》说："其（麽经）产生的源头，可以追溯到壮族远古原始社会巫术盛行的时代，大约从汉代起，一直到宋代。"口头传承的麽经产生于远古时期，这是有疑义的。几乎所有的神话传说都产生于人类的童年时代，但不是绝对的"上古"或"远古"。凡是未开化的社群，或是思想朴素单纯的集体，都可能孕生出神话。如果以知识的成分来看，神话可能是最初的知识、最初的科学。知识层次较低的"民间"，会集体性的不自觉产生神话，自然相信神话、传播神话。还应该注意的是，口耳相传的麽经和有文字记录的麽经并不是同一个概念，麽经从巫术咒语式的口头传承，到形成韵文体口头承传，再到用文字形式抄录的经书传承，肯定经历了漫长的历史发展过程。那么，用方块壮字书写的麽经文本产生于什么年代？

　　《译注》收录的各抄本的年代，各卷本上都有详细说明，抄写年代最早的是清嘉庆十八年（公元 1814 年），最晚的是 20 世纪 80 年代。抄本在使用过程中破损，布麽就另抄新本，因此，流传至今的抄本，已不是最初的抄本，而是在世代布麽的传抄中形成的。因此，查考这些麽经年代的上限，是一件比较困难的事情。

　　据统计，《壮族麽经布洛陀影印译注》收入的 29 种麽经手抄本，注明有抄写者或收藏者并且抄写年代较早的几种手抄本排列如下：

　　《狼麽再宛》（百色 2）：该抄本封面注明原抄者为邓道祥，是从邓道宣本转抄的，而邓道宣本标明年代是嘉庆十八年（1814 年）八月初四抄完（1290页）。

　　《本麽叭》（百色 1）：原抄者和百色 2 是同一个人，也是从邓道宣本转抄，而邓道宣本抄于清嘉庆十八年（1814 年）八月初四（1110 页）。

　　《麽破塘》（百色本）：经文末记有"光绪七辛巳年九月廿完笔韦善经手笔立少塘降晚夜兔不求人"字样，由此推知，该抄本抄写时间是公元 1881 年农历九月廿日（2941 页）。

　　《麽使蚕狼甲科》（田阳 5）》（田阳本）：陆道玉于光绪二十一乙未年（1896年）仲夏五月上浣初三日抄（784 页）。

　　《麽请布洛陀》（巴马 9）：据原收藏人布麽李正业 1986 年称，他是该抄本的第七代传人，"按 30 年一代推算，该抄本的时间应在两百年以前，即大约在乾隆年间"（2 页）。

　　《漢皇一科》（巴马 8）：该本封面写有"罗玄真"这个名字，而没有注明年代。《译注》指出："罗玄真"是原收藏人罗子祥（1986 年）的五代世祖，按 30 年一代推算，该抄本已有 150 年历史了，即大约在道光年间"（2383页）。

　　从手抄本记载的抄写时间和收藏者的自述来看，现有的麽经手抄本年代最早的是嘉庆十八年（1814 年）。明确了这一点，再考虑到这些手抄本是从更古老的抄本传抄而来的，那么麽经编纂成书的年代，还可以往前推，下限当在清中叶的嘉庆以前。至于上限在什么时间，因为麽经本身没有明确记载，尚需进一步考证。

　　我们可以从麽经的用字、有关方块壮字的记载、麽经涉及的历史内容、其他用方块壮字写的文献这四个方面进行分析。

　　我们知道，方块壮字并不是一个时期的产物。方块壮字是在知道汉字读音的基础上，一开始就被当作表音符号用的。因此在用字上可以看到不同时期汉语的读音特点。由于时间、人力有限，我们只统计了部分用字。《狼麽再宛》（百色 2）1296 页第 1 个字到 1339 页第 3 个字的 400 个以汉字的入声字（含重复使用的字）为声符（或在整字的基础上进行的变异）的壮字，44 个字读壮语的舒声，356 个字读壮语的塞声，其中韵尾完全一致的有 346 个，占 86.5%。《汉皇一科》（巴马 8）2387 页第 1 个字到 2499 页第 51 个字的 400 个入声字（含重复使用的字），17 个字读壮语的舒声，383 个读壮语的塞声，其中韵尾完全一致的为 363 个，占 90.8%。两个抄本的流传地区现今通行的汉语方言为西南官话，而汉语方言学的研究表明，西南官话大约形成于明代，当时的西南官话已属近代汉语，在语音上与现代西南官话已无太大差异，已没有塞音韵尾。此外，还有果韵一等字读a的现象，如 1316 页"荷/ ha²/茅草"，1317 页"鎖/ɬa³/纺纱机"，1322 页"羅/la²/碎"（第一个字为方块壮字，中间是国际音标，第三部分为意义。下同），这些是古平话[①]的语音特点。由此可看出，这两个手抄本的壮字借的汉语方音，不是西南官话，而是古平话。那么这些麽经编纂成书的年代，似乎还可以推到明代以前。当然，情况不会如此简单。因为壮族还有一套"读书音"，这是一种以"古平话"为基础的老借词语音系统，至今粗通汉文的壮族百姓大都能用这套读书音来读汉文书刊和文书契约。这就给方块壮字的层次划分和年代考证带来了一定难度。

　　再看云南文山的《麽荷泰》。据统计，2788 页的第 1 个字至 2821 页的第 48 个字，400 个汉字入声字（含重复使用的字，且都是借其音，"葉/ baɯ³⁵/叶子"这样的入声字除外），在壮语中读塞声韵的仅有 109 个，这 109 个字中，韵尾不一致的有 18 个，如 2791 页"髮/fak³¹/对面"、2794 页"納/na:k¹¹/银河"、2798 页"踏/thuɯt¹¹/重"、2880 页"腊/la/k⁴⁴莫"，等等。也就是说，壮语的塞声韵尾与汉字入声韵尾完全一致的只占 12%。而那些韵尾完全一致的字，大部分是 "六"、"七"、"八"等关系词。壮语的塞声用汉语的非入声字来表示的则比比皆是，如 2788 页"普化/phu³³hak¹¹/汉人"、"呵垻/hɔk⁵⁵pak¹¹/做口"，"卦/ kak¹¹/谷"等。总的来说，对应比例很低，入声字的要么韵尾不完全一致，要么韵尾脱落的情况较为多见，似乎说明文山的方块壮字借的汉语读音是西南官话，文山的麽经成书的时间不会早于明代。但这又难以解释文山壮字中反映出来的多层次性：如中古层的例字"果/ka⁴⁴/也"，"勒/luk³¹/儿子"，"血/ɕit³¹/休息"，"呵/ ka⁴⁴/呀"等等。当然，一种语言在吸收其他语言词语时，遇到本身没有的音用相近的音来代替，即宽式借音是十分平常的事。而有的却难以解释，如文山壮语中明明有tɕh声母

---

　　① 梁敏、张均如在《广西平话概论》中指出，秦以来历代汉族移民进入岭南，不同的方言彼此交流，融合发展，并受壮侗诸语言的影响而逐渐形成一种汉语方言，姑称之为"古平话"。在西南官话和粤方言进入广西之前的一千多年间，这种"古平话"曾经是湖南南部和广西南北各地百姓的主要交际用语，也是当时官场和文教、商业上的用语。

（如"你们"/ **tɕhɯ³⁵**、"你"/ **tɕhi¹¹**、"问"/ **tɕha:m³⁵**），但在吸收汉语清母时却读成了 **th**（如 2851 页的"秋/**thiu³⁵**/露出来"，2878 页"秋"/**thiu³⁵**/灵验），清母读 **th**，这也是古平话的特点。近现代层，表现为汉语的入声字和壮语的塞声韵尾不一致，如 2794 页"納/ **na:k¹¹**/银河"，2795 页"竹/**tɕu⁵⁵**/才"，2798 页"坝/**pak¹¹**/嘴巴"，2800 页"博/ **po³¹**/父"，"腊/ **lak¹¹**/莫、不要"，2807 页"多法/**tɔk⁵⁵fa:k¹¹**/落下竹榻"，"克/**khut¹¹**/菌"，2795 页"立/**le⁴⁴**/匆忙"，2807 页"達 /**ta³¹**/河"，2814 页"百/ **pɛt¹¹**/八"，2817 页"敵"/**di³⁵**/里面"，"拉八/**lak⁴⁴pa³¹**/别忙"。同一个字的使用，已经反映出了中古和近现代两个层次，如 2824 页的"秋/**tɕhiu³⁵**/深渊"，2848、2849 页"秋/**thiu³⁵**/绿色"，2851 页"秋/**thiu³⁵**/露出来"，2878 页"秋"/**thiu³⁵**/灵验"。以上种种情况，显示了两种可能：一、文山壮字所借的读音，有某种更古老的汉语方言的遗存，也许是古平话；二、文山麽经的成书年代也要往明代以前推。

再从有关方块壮字的历史上看，方块壮字作为书面语的出现和应用，是兴于唐宋而盛于明清时期。[1] 宋元时期，汉籍中开始有这方面的记载："边远俗陋，牒诉券约专用土俗书，桂林诸邑皆然，予阅讼牒二年，习见之。"[2] 说明宋代汉文化较早传入的桂林地区，使用土俗字已经不是个别现象。当然，范成大所举俗字，最初未必都是壮字，有的可能是当时民间通行的汉字。宋代庄绰《鸡肋编》也说："广南俚俗多撰字画，以聀为恩，以冭为稳，夵为短，如此甚众。"到清代吴任臣将这些俗字收入《字汇补》中。而当时偏僻闭塞的桂西地区，尚未发现土俗字被民间使用的证据。"古壮字到了宋元明七八百年中间才在广西壮人中间逐渐通行。"[3] 清初，为了纠正编讹于明代的词书《华夷译语》的"讹误"，清高宗上谕礼部："朕阅四译馆所存外裔番字诸书……已不无讹误……宜广为搜辑，加之核正，悉准考西番书例，分门别类，汇为全书。……此外，如海外诸夷并苗疆等处，有各成书体者，一并访录，亦照西番体例，将字音与字义用汉文注于本字之下，缮写进呈，交馆勘校，以昭同文盛治。著傅恒、陈大受、那延泰总理其事。"[4] 增编而成的《华夷译语》中就有广西省庆远府、镇安府、太平府属地民族译语 3 种 3 册，每种收字 71—170 个。三府均为桂西属地，且所收字已"各

---

① 潘其旭：《壮族麽经布洛陀的文化价值》，《广西民族研究》2003 年第 4 期。

②（宋）范成大：《桂海虞衡志·杂志》，转引自林亦《谈利用古壮字研究广西粤语方音》，《民族语文》2004 年第 3 期。

③ 韦庆稳：《广西僮族的方块文字》，《中国语文》1953 年第 1 期。

④《清高宗实录》卷三二四，转引自杨玉良《清代编撰〈华夷译语〉》，《故宫博物院院刊》1985 年第 4 期。

成书体"，说明当时桂西的"夷字"已经出现并用于写书了。清康熙年间进士陆祚蕃督学桂西时的记载，进一步证明了当地已经普遍使用"土字"："人生于深山穷谷，异言殊服，其歌字皆土音韵，则天籁译而通其意，殆亦工于为词者，男馈女以扁担一条，镌歌数首，字仅如绳头，间以金彩作花卉于上，沐以漆，盖其俗女子力作所必须也，狼之为歌，五言八句，唱时叠作十二句，多用古韵，平仄互压，或隔越跳叶，曲折婉转，喃喃呢呢，间有一二佳语，颇类六朝情艳，但其中土字土语，十常八九，不译而翻之不能晓也。"① 康熙年间桂西壮族地区方块壮字已被普通民众广泛使用于编写、记录山歌，神职人员有可能早于平民用方块壮字来记载、编纂麽经。也就是说，用方块壮字书写的麽经文本，应该会在这种文字在当地普遍使用之前产生。

　　从麽经记载的内容来看，麽经中多处同时谈到皇帝、流官和土司，以及兄弟争夺世袭土司官职的情形。如巴马 8，2423 页：

双	甫	尋	劲	王
ɬo:ŋ¹	pu⁴	çam⁶	lɯk⁸	vuəŋ²
两个	个	同（是）	儿	王

两个都是王儿，

度	星	傍	吟	印
to⁴	ɬiŋ¹	pɯəŋ²	kam¹	in⁶
相	争	天下	掌	印

相争掌管天下的宝印，

度	星	印	鸡	還
to⁴	ɬiŋ¹	in⁶	lok⁸	ve:n²
相	争	印	鸟	百灵

相争镌刻有百灵鸟的宝印，

度	星	财	召	父
to⁴	ɬiŋ¹	ça:i²	çi:u⁶	po⁶
相	争	财产	世	父（的）

相争先父的财产。

---

① （清）陆祚蕃著《粤西偶记》，北京师范大学图书馆藏，清康熙刻说铃本，一卷，转引自李小文《壮族麽经布洛陀文本产生的年代及其当代情境》，《中央民族大学学报》（哲学社会科学版），2005 年第 6 期。

田阳 7，2526 页：

印	宝	房	不	分
in⁵	pa:u³	piəŋ²	bau⁴	pan¹
印	宝	（管）天下	不	分

掌管天下的宝印不要分，

鍾	寶	府	不	分
tɕo:ŋ⁵	pa:u³	fu³	bau⁴	pan¹
铜鼓	保佑	州府	不	分

保佑州府的铜鼓不要分，

印	鶏	楼	不	分
in⁵	lok⁸	lau¹	bau⁴	pan¹
印	鸟	斑鸠	不	分

镌刻有斑鸠鸟的宝印不要分。

　　印鶏還 [in⁶ lok⁸ ve:n²]，指百灵鸟印，即印面或印把刻有百灵鸟图案的印章；印鶏楼 [in⁵ lok⁸ lau¹]，刻有斑鸠鸟图案的印章，还有铜鼓，这些都属土司专用，是权力的象征。土、流并存的双重体制是明中叶以后出现的，到雍正年间大规模的改土归流宣告实施，至此土司势力才走向衰亡。这个材料反映了土、流并存的时代背景，说明麽经文本的作者之一，生活在这一时期或其后不久，因此才得以加入这一"时代情境"。麽经中还有圩镇、牛市、买卖的内容，而明后期以后的地方文献有桂西的百色城、横州、宾州、宁明州等地商品经济的活跃和圩镇市场开始发育形成的历史记载[①]，这是麽经的作者之一产生于这个时期的又一个证据。

　　麽经还记载有玉米和红薯这两个明中后期引进的新物种。如东兰 4，2310 页：

哽	后	王	丈	命
kɯn¹	hau⁴	jva:ŋ²	ɕiəŋ⁴	miŋ⁶
吃	玉	米	养	命

吃玉米为生。

　　① 李小文：《壮族麽经布洛陀文本产生的年代及其当代情境》，《中央民族大学学报》（哲学社会科学版），2005 年第 6 期。

东兰4，2358页：

后	禮	次	丘	勇
hau⁴	**di³**	**θɯ²**	**tɕva:u⁴**	**juŋ¹**
稻谷	跟	红薯	混合	煮

大米和红薯混着煮。

　　jva:ŋ²即"洋"，**hau⁴ jva:ŋ²**即"洋米"，**θɯ²**即"薯"，都不是民族固有词，表示它们是外来物种。一般认为这两种农作物传入我国的时间为明中期，由此可见麽经文本的作者之一也应在玉米、红薯等外来农作物引进之后，也就是在明代中期以后。

　　麽经里还有与大象、孔雀这两个物种有关的记载：

"大象"：

东兰2，1473页：

土	長	號	同	肯	恩	斗
tu²	ɕa:ŋ⁴	he:u⁶	toŋ⁶	kɯn²	un³	tau³
一头	**大象**	呼叫	（从）田峒	上方	那边	来

一头大象从田峒上边呼叫着过来。

东兰1，2105页：

丕	豚	國	旬	猪	百	犬
pai¹	taŋ²	tɕo:k⁷	ɕiəŋ⁴	mu¹	pa:k⁷	ɕa:ŋ⁴
去	到	部族	养	猪	（养）百个	大象

去到百猪百象国。

　　ɕa:ŋ⁴是借自汉语"象"的老借词。从经文中可看出，抄写人甚至不知道汉字的"象"，而是借用了汉字的"長"、"犬"来代表"大象"的意思。然而当前的生态环境，壮族地区大象已经绝迹。这个词仍保留在麽经里，反映了在麽经产生和流传的时代，大象依然存在。再看下面的例句：

百色2，1329页：

其	能	掌	許	曺
ki²	**naŋ¹**	**ɕa:ŋ⁴**	**hai³**	**ɕa:u²**
旗	皮	象	授给	王曹

把象皮旗授给王曹。

　　这里也是不知道汉字的"象"，也是借用了别的汉字来表示。"其能掌"

即用象皮做的旗子。古时壮族地区产象，秦在百越地设象郡。东汉《论衡》亦载："舜葬于苍梧，象之为耕。"宋人王禹偁写诗给在融州做官的友人说："吏供版籍多渔税，民种山田见象耕。"明代，广西南部的钦州驻军还设有驯象卫，专门驯象用于运输和作战。"象皮旗"与古代的象战有关。如此看来，麽经产生和流传的时代，大象依然是和壮族人民的生活密切相关的一个物种。

"凤凰"：

百色 1，1260 页：

同	争	对	鳳	容	平	冤
toŋ²	ɬiŋ¹	to:i⁵	**fuŋ¹**	**juŋ²**	pan²	iən¹
互相	争夺	一双	凤	凰	成	冤

相互争夺一对凤凰成了冤家。

百色 3，2988 页：

鳳	容	笼	斗	泗
fuŋ¹	**juŋ²**	loŋ²	tau³	a:p⁷
凤	凰	下	来	游

凤凰下来游泳。

凤凰为汉文化里吉祥的象征物，壮族麽经里也有体现。但奇怪的是，这个词没有直接写成"鳳凰"，而是写成了"鳳容"。难道是布麽不会写"凰"这个字吗？这似乎也说不过去，因为百色 1 的 1254 页、百色 3 的 2947 页都有"皇"这个字。而且，就算"鳳容"这个词记录的是汉语"凤凰"的语音，那也应该按照对应规律读 fuŋ⁶vu:ŋ²、fuŋ⁶jwa:ŋ²、fuŋ⁶hu:ŋ² 等形式。

本文认为，fuŋ¹ 是借汉语的"鳳"，juŋ² 则是本民族固有词，指"孔雀"。这个词在同语支的傣语里还有保留，也是读 juŋ²。孔雀这个物种在广西壮族地区也已绝迹，壮语口语里也没有了这个词（北部壮语有这个词，用的却是汉语借词 kuŋ³ɕo¹）。麽经把它和汉语的"鳳"并列使用，使这个词得以保留至今。这也说明麽经产生、流传的年代，孔雀曾经存在过。

大象和孔雀在华南的灭绝时间，各地略有不同，但麽经流行区域这两个物种的灭绝，不会晚于明代。[1]

---

① 曾昭璇：《试论珠江三角洲地区象、鳄、孔雀灭绝时期》，《华南师范大学学报》（自然科学版），1980 年第 1 期；刘祥学《明代驯象卫考论》，《历史研究》2011 年 01 期。

　　推到了明代，麽经成书的年代还可以再往前推吗？也就是说，在麽经的内容里，是否还存在更古老的"历史情境"，据此把上限往前推？

　　麽经里确实也有反映了原始社会时期生活的内容，如兄妹成婚、人死吃人肉等，但这些是人类共有的历史记忆，只能说明口头麽经产生的时间较早而已。而皇帝、土官、流官，玉米、红薯、牛圩，这些并不是所有族群都有的经历，这些特定的历史信息添加进来，说明这一历史时期已出现成书的麽经。口头传承的麽经一旦转化为典籍，就带上了一层神圣色彩，内容就不会随意改变，在传抄和流传过程中一般不会被随意改动和删减，因此，麽经在什么年代编纂成书，就不可避免地必然反映那个年代的时代特征。综观 29 本麽经抄本，土、流并重的历史情境和传统儒学中的以民为本思想和儒家伦理道德观念占了很大比重，而相关的汉文文献表明，正是在明朝中后期桂西壮族地区才开始接受和认同汉文化的一些习俗和观念的。[1]

　　白耀天（1988）、梁庭望（1992）考察了用方块壮字书写的《粤风》所载的《俍歌》、《僮歌》及壮族著名哲理诗《传扬歌》，指出他们辑录的年代大概是明末清初。[2] 麽经和这些典籍有相似之处，都是用土俗字书写，并由壮族歌手或麽公传唱、保存的，其成书年代当相差不远，因此，有研究者指出，麽经成书的年代，当在明代晚期至清前期这一段时间。[3]

　　从几大方面来看，可以认为，麽经从咒语式的口头流传到韵文体典籍记载，中间经历了漫长的历史时期。麽经抄本的成书年代当在明代晚期至清前期这一时段。不排除在此之前已有麽经零星的文字记录，但成型、定型的麽经抄本，不会早于明代。近年来的研究结果也支持了这个观点。付晓霞（2007）从内证入手，运用版本文献学、音韵学、文字学等学科知识，考察《布洛陀》流传地域的教育发展情况，考证《麽经布洛陀影印译注》部分版本的抄写时间、传承关系及其底本可能产生的时代，认为所考查抄本的底本的产生不会早于宋代，很可能在明代。[4]

---

　　① 李小文：《壮族麽经布洛陀文本产生的年代及其当代情境》，《中央民族大学学报》（哲学社会科学版），2005 年第 6 期。

　　② 白耀天：《〈粤风·俍歌僮歌〉音义》，《广西民族历史与文化研究》1988 年第 1 期；张元生、梁庭望、韦星朗《古壮字文献选注》，天津古籍出版社 1992 年版。

　　③ 李小文：《壮族麽经布洛陀文本产生的年代及其当代情境》，《中央民族大学学报》（哲学社会科学版），2005 年第 6 期。

　　④ 付晓霞：《〈壮族麽经布洛陀影印译注〉部分版本考》，广西大学硕士论文，2007 年。

第二章　麽经的方块壮字

第一节　方块壮字的定义和产生年代

虽然麽经的成书年代当在明代晚期至清前期，但方块壮字的萌芽和产生比这个时间要早。方块壮字一语有两个意思：一个是指记写壮语（主要是壮语词）的一个个单字，另一个是指记写壮语的整个方形符号体系。[①] 按照第一个定义，方块壮字的产生似乎可追溯到秦汉时期。如韦庆稳（1953）曾经指出："杨雄《方言》中，'犘，牛也'、'麤，式六切，虎也'、'虵，水虫也'等等，音义都跟僮语相合。"《方言》中还有"媌，孟姊也。"的记录。郭璞注："媌，音义未详。""媌"可能非汉语、汉字，如果是汉语汉字，博学的郭璞不会不知道。黄树先（1995）认为这个字可能是用来记录古越语的。[②] 这个说法不无道理，因为方块壮字用"媌"来表示"姑娘"这个意义的情况很常见，如麽经那坡本的 2909 页、百色 3 的 2961 页等。

汉文文献中，收录了不少非汉语的词。照字面意思来解释，有一些字匪夷所思，把它们和现代壮语进行比较，却可以考证出其来源。这些字是汉族接触了古越人语言之后，造出的记音符号，这不能算严格意义上的方块壮字，就像我们现今接触了印第安人某种语言，用汉字的形符和声符造了些字记音，但这些字却不能算印第安文字一个道理。

壮族历史上曾出现过三种不同形态的文字系统，即：刻划文字、方块壮字及现代的拼音文字。其中方块壮字是受汉字的影响和启发，利用汉字部首按照六书原则创造出的一种方块土俗字，属于汉字系文字，确切地说，是一种仿汉文字。明确了这个性质之后，再和别的仿汉文字比较，我们知道，许多民族都在创制仿汉文字之前，经历了接触汉族文字、学习并熟练地运用汉字作文、用汉字来记录本民族语言、仿造一些字与汉字并用或以汉字为基字仿造一套仿汉文字的过程。仿汉字的创造者必以先识汉文字为

---

① 蓝利国：《方块壮字探源》，《广西民族学院学报》（哲学社会科学版），1995 年增刊。
② 黄树先：《古代文献中几个词的来源》，《古汉语研究》1995 年第 4 期。

前提，在汉字形体结构基础上，增损或变异来创制文字。从这个意义来说，方块壮字产生的年代，不应当追溯到壮族先民始和汉族接触的秦汉时期。

梁庭望（1999）考察了广西上林县境内的《六合坚固大宅颂》和《智城碑》后认为，唐代以前，方块壮字在民间一定流传了一段时间，并且得到了包括地方豪酋在内的首肯，方块壮字在壮族社会内部已得到上下的认可。[①] 季克广（2005）则进一步指出自秦汉以降，相当长的时间内，壮族社会主要以使用汉字为主，上层犹然。真正影响方块壮字造字结构的是成熟的汉字，尤其是楷化的汉字。方块壮字的产生，应当在晋朝南渡以后。[②] 欧阳秋婕（2006）从政治、文化教育等方面讨论分析古壮字的产生年代，最后确定古壮字最有可能的出现时间是唐代。[③]到了宋代时期，统治者加强了对岭南地区的控制，壮族社会州学府学盛行，受汉文化影响的壮族士人增加，民间也散布了相当数量的土俗字，说明这个时期方块壮字已较流行。因此，本文认为，方块壮字的产生年代在晋代至唐代之间，这是比较合理的。

当一个社会发展到需要记录语言的时候，如果有关条件也已具备，文字就会出现。方块壮字产生于晋代至唐代，这是壮族社会需要记录自己的语言以在本民族社会内部交流的需要。可以想见，方块壮字产生之初，和汉字一起夹杂使用，共同用于向官府投诉的文书诉讼（当时的官员应有一部分是壮人）、票证凭券、合同契文、记账记事等。独立创造的文字体系的形成需要一个很长的过程，但方块壮字属于借源文字，它形成文字体系需要的时间相对要短得多。麽经要用壮语诵读，布麽们为了方便记忆，就不能像《六合坚固大宅颂》那样只记录保留个别的古壮字，而是语法语序上都是本民族语。当全篇的经文都如此写成的时候，文本麽经才算成型了。方块壮字产生于唐代，成型的麽经产生于明代，中间这一时期，方块壮字和麽经经文应该都处于不断完善、成熟的阶段。

值得指出的是，我们不能把方块壮字的创制者严格限制在壮族知识分子这一范围内。如清乾隆年间的文学家李调元辑录的《粤风》所载的《俍歌》、《僮歌》，收录了不明履历的东楼吴代和四明黄道所辑录、保存和初步注释的"俍歌"29首，"僮歌"8首，其中有几首是壮人借汉语的音、义，按壮语的语法、修辞习惯编唱的，辑录和注释者族别不明，但并不影响《粤风》被公认为是历史上第一部公之于世的用壮族方块字书写的民歌集子。方块壮字的萌芽，肯定是受到汉字的影响和启发。在壮汉杂处的地区，最

---

① 梁庭望：《壮族三种文字的嬗变及其命运的思考》，《三月三》《民族语文论坛专辑》，1999年增刊。

② 季克广：《借音壮字所反映的声母系统的研究》，广西大学硕士学位论文，2005年。

③ 欧阳秋婕：《古壮字的产生年代分析》，《广西民族学院学报》（哲学社会科学版），2006年6月。

先产生方块土俗字，这些土俗字，有可能是汉语方言字，也有可能是方块壮字，这里边涉及到语言的借用、转用，语言的竞争、语言的底层等因素。方块壮字与汉语方言字，在当时可能界限不是那么分明。第三节我们还将对此进一步讨论。

第二节　麽经方块壮字的分类

麽经的方块壮字，可以纳入方块壮字分类框架之内。方块壮字的分类，以往研究者已多有论述，不同的着眼点导致分类稍有差异，本文把各家分类进行归整。方块壮字在此简略介绍如下：

第一类，象形字，如"**ʒ** / am^5/抱"、"ㄠ/ tɯŋ^4/ 拐杖"。这类象形字已经具有指事字的特征，但在 29 本麽经里没有发现。

第二类，借汉字，可分为四种类型：

（一）整字借用。这其中又有几种情况：

（1）形音义兼借。这类字往往是壮汉关系词或汉语老借词，可以把这类字称为全借字。如"一"、"六"、"七"、"金"、"心"、"白"、"本"（本钱）等。

（2）借汉字的形和音，表达壮语的意思。可以把这类字称为假借字或音读字。如"眉"，读mi^2，表示"有"；"斗"，读tau^5，表示"来"。

（3）借用汉字的形和义，读壮语的音。可以把这类字称为训读字。如"茅"，读ha^2；"看"，读kau^5，"住"，读ju^5。

（4）只借用字形，音义和汉字不相干。如"会/lum^3/像"，"往/nuəŋ^4/弟弟妹妹"。

（二）借用汉字偏旁部首及其一些部件进行另造。这又可以分为五类：

（1）会意字，如"孳 pja:i^1/尾稍 "，"夌tɕa^4/私生子、孤儿"，"冇 / bou^3/没有、独身、白白地、有空"。

（2）形声字。有声旁读壮语音的，如壮语读"五"为ha^3，"硨"就读为ha^2，"茅草"的意思；壮语的"兄、姐"读pi^1，就借"兄"字读pi^{35}，表示壮语的"摆平"；也有声旁读汉语的音的，如"魴/ fa:ŋ^2/鬼"，"閄 / buun^1/天空"。

（3）皆声字，即两个构字成分都表音，如"筋/ fa:ŋ^2/鬼"、"屲/sa:n^1/白米"。

（4）亦声字，即表音部分兼表义，如"碪/ ke:n^5/坚硬、牢实"、"諕/jau^6/骗"。

（5）简化另造，如"肝/ taŋ²/到"，"敦/ ŋon²/天"、"㳽/ θɯəi⁵/洗"，
飞\/bin¹/飞"。

上述分类表明，麽经方块壮字的造字理据仍不出汉字的"六书"范围。
我们也知道，90%左右的汉字都属于形声字，方块壮字由于是在把汉字作为
表音符号的基础上创制而成的，因此假借字、形声字、皆声字、亦声字占
了绝大多数。又因麽经方块壮字是不同的历史时期的产物，不同时期、不
同方言土语的汉语、壮语读音叠加其上，可以说，麽经方块壮字对研究汉
语语音和壮语语音有重要的价值。

以上是从共时角度进行的分类，但共时是从历时发展而来的，共时中
体现着历时，从整个麽经方块壮字系统中我们不难看出壮族历史上文字创
制、使用的不同阶段。象形字是汉字传入之前的刻划文字的遗存，麽经里
没有，说明成文的麽经年代不可能太久远，它应该是在汉字传入之后才出
现的。整字借用的第 1 类是汉字的直接照搬阶段的反映，第 2、第 3、第 4
类则是假借标注和转注仿制，借用汉字偏旁部首及其一些部件进行另造则
是改创变异阶段的产物。所有这些大致符合汉字在传播中经历的五种形
态：直接照搬（汉字汉文）——假借标注（汉字某文）——转注仿制（某
族汉字）——改创变异（自制某文）——新"书同文"（一文多语）和通用
字符集建设。① 麽经方块壮字的萌芽和发展及其流变和汉字的传播和影响密
不可分。因此，把麽经的方块壮字和汉字系别的文字进行比较，是很有必
要的。

第三节　麽经方块壮字与汉语异体字、
方言字、汉字系文字的对比

麽经方块壮字产生的前提，是汉文化的影响和传播，创制者必须掌握
了一定数量的汉字。麽经方块壮字产生之前，壮族社会经历了使用汉字的
时期。两块唐代石碑，其碑文绝大多数为汉字，只是间或杂入一些变体字
与自创字而已。解放初期武鸣县编写的《武鸣壮族山歌选集》第一集，在
厚达 97 页的文页中仅出现方块壮字十五个。② 随机抽取的《译注》1257 页
的 73 个字，规范的汉字就有 65 个字，其余的也只是在原有汉字基础上的
增损。按照第二个定义，所有这些字都算是方块壮字。可以想见，在当时，

---

① 赵丽明：《变异性·层次性·离合性·互动性——汉字传播规律初探》，《汉字的应用与传播——'
99 汉字应用与传播国际学术研讨会论文集》，华语教学出版社 2000 年版。
② 陈丁昆：《略论仿汉文字》，《黑龙江民族丛刊》1997 年第 2 期。

这些文字的使用者们当时并没有"另创一种文字"的意识。壮族社会的发展，出现了用汉字来记录本民族的社会生活，用汉字来转写壮语的内在需求。"全借字"记录那些汉语借词和壮汉关系词，"假借字"记录壮语的发音。"假借"在汉文典籍中时有出现，因此壮族用这种方式来记录壮语是很自然的。但是，壮语与汉语毕竟是两种不同的语言，在使用汉字过程中肯定遇到过不能完善地表达壮语意义的情况。汉字的俗体字、异体字、方言字、简体字、自造字等给了他们启发。

汉语方言字，也称地方字或本地字，是指在特定的方言区内通行、专门用以记录汉语方言口语的文字。它是为了适应特定方言区词语记载的需要，而由方言区的人们创造并约定俗成使用开来的。方言字的创制和使用历来处于无政府状态，在形、音、义上有很大的随意性和不确定性。创造方言字的手法很多，诸如增加意符、省略意符、改换意符、改换声符、变换结构、全体创造等等，有对原有字的变换，也有抛开原来字形另起炉灶的"全体创造"法。方言字的类型有本字、训读字、假借字、自造字这几类，由于地域、行业、个人的不同而有所差异。[①] 方言字主要保留在传统的字典辞书、地方韵书或方言词典、民间的方言文字作品、地名用字之中。俗体字是与"正字"相对而言的，其书写一般比较简便，或追求表音明确（如"酒"写成"氿"），或追求表意明确（如家具的"家"写成"傢"）。由于壮族地区相当一部分固有词不能用现成的汉字记录，再者由于文化、民俗上的差异，对客观事物的认识也不同，我们可以推断，壮族文人在记录本民族地名、民歌、故事、传说，书写碑铭、经文、契约时，采用了和方言字、俗字一样的用字和造字法。方言字、俗字的构造法和分类，和方块壮字是相通的。

方块壮字的构造法与理据性，王彩（2005）归纳为五点：（1）突出形符的标义功能，追求构形示义的外观化，如女性类字加以女字旁，树木类字加以木字旁，动作类字加以提手旁，类人化系列加以单人旁，类兽化系列加以反犬旁等。（2）彰显构形上的区别性特征，创造并使用构字定符。如由"乂"表达"粗糙"、"不成熟"等否定意义，而"口"、"门"、"品"等借形定符，基本上已转化为定符，其营构理据在于其标形功能。（3）满足简明标义的应用需要，选用白话合成新字。（4）保留汉字营构理据，变构形制为我所用，相关措施有变更义符、变更音符、移置符位、改造定符四种。（5）直音直义，建构音义直观的双理据形声字。"概括地说，方块壮文的营构理据均以简明、简易、简便、简洁地表音义为主，而总体上较重

---

① 林寒生：《汉语方言字的性质来源、类型和规范》，《语言文字应用》2003 年第 1 期

视语音在构形上的显示作用，这使得方块壮文中以形声字为主体的音符字占绝大多数。从这个意义上说，方块壮文总体上是趋于据音构形的，音声理据是方块壮文构建中的典型特征。"① 我们认为，这些构造法和理据，不是方块壮字独有的，汉语异体字、方言字、汉字系其他文字也有这种情况。壮族历史上一直归附于中原政权，没有为示"壮汉有别"而追求特异性的意图。一个典型的证据是，麽经方块壮字的"冇"字，在广州、梅县、福州、南宁几个方言都用，这个现象的原因有两个可能：一是因为同样的造字理据，壮语和几处方言都把"有"字里的两横去掉表示"没有、无"之意（壮字还多出了"空闲"、"白白地、枉然"、"单身"的意思，如麽经百色 3 的 2959 页）。二是因为借用。不管是哪种原因，都说明了方块壮字在发生学上与汉字的关系是极其密切的。方块壮字产生、使用之初，也许人们并未觉得这些字和汉语方言字土俗字有什么区别（考虑到广西壮汉杂处带来的语言的借用、语言的转用、双语人的出现等情况），只有到了用这些方块字写出的行文，不懂壮族民族语言者虽能通读却不能解其意的时候，人们才意识到这是和汉字有别的一种文字。

从汉字历史上来看，春秋战国时期，国家分治，列国纷争，文字不统一，很难说哪个是"正体"字。秦代推行"书同文"，但俗体、异体、方言字的存在还是不可避免的。到了汉代，汉字发展到隶书，字体虽已定形，但不少俗体误字仍在流传，从汉魏碑刻、六朝墓志中可窥见一斑。自东汉末年以来，就有人提倡勘正字体的工作。隋唐时期在勘正字体方面颇为重视，颜师古把当时通行的楷书分为俗、通、正三类，将五经的异体误字找出，撰《字样》一书，太宗颁布颜师古的"五经定本"以矫正流行的各种讹谬字体。文宗开成年间，又用正楷勒刻石经，定为全国举字应试的字形标准。到了晚唐五代，一度有所收敛的俗讹别体又泛滥起来。由此可见，汉字历史上"纠谬正体"与"俗讹别体流行"这两股势力一直处在抗衡、消长状态之中。随着时代的发展，汉字数目不断增加，一是社会生活和文化的进步，出现了很多新事物，新字随之出现；二是中国地域广大，方言复杂，使用文字来记录方音、地方特有事物的需求在增长；三是使用文字的社会阶层在扩大，书写文字的人多了，文化水平的参差不齐和人们追求书写简便的心理随之出现。以上这些因素综合起来，别体、异体、俗体字的数量增多也就不可避免了。在印刷术尚未普及、手抄本流行的年代，这种情况尤其明显。汉族内部尚有这种情况，对于壮族人来说，学习一种异族文字，即使是掌握得相当熟练，也难免会出现一些错误，麽经的一些壮

---

① 王彩：《方块壮文构造法与理据性新探》，《湖州师范学院学报》2005 年第 6 期。

字，其实就是汉字的错别字，如东兰 2，15 40 页"艾 / ŋa:i²/糯饭"（艾之误）、"幼/ju⁵/在"（幼之误）等等，都不是"刻意造字"之举。

再看汉字系别的文字。

"汉字的传播路线有三条。一条向南和西南，传播到广西壮族和越南京族，较晚又传播到四川、贵州、云南、湖南等省的少数民族（苗、瑶、布依、侗、白、哈尼、水、傈僳）。一条向东，传播到朝鲜和日本。一条向北和西北，传播到宋代的契丹、女真和西夏。"①

由于地理的阻隔，方块壮字和东线的朝鲜、日本文字，北、西北线的契丹、女真、西夏文字，西南的少数民族文字等不存在发生学上的关系。即使他们之间有共通的构字、造字法，也只能说明文字创制的类型学上的关系。在共同的汉字的影响下，他们用仿汉字来记录本民族的语言，文字作为语言的符号，要么通过字符的语音还原成本民族有声语言指向语义，要么通过字符原有的语义直接表达本民族的语义，要么两种手段混合使用，无一能外。仿汉文字之间有很大的相似性，更多时候是一种偶合。

和以上仿汉字相比，方块壮字和喃字（这里指越喃字，排除越南境内的瑶喃字、岱喃字等）在地域上是连成一片的。它们之间的关系，一般存在三种看法：（1）方块壮字的出现受到喃字的影响；（2）方块壮字启发了喃字的问世；（3）方块壮字和喃字是在受汉字的影响下各自独立出现的。

第一种观点，接受的人比较少，代表人物如李方桂，他认为"僮语造的字也许有受越南字喃的影响的地方"。② 然而现存最古老而齐全的喃字的物证是李高宗朝治平龙应五年（1209 年）的《报恩禅寺碑记》，年代比壮族的《六合坚固大宅颂》要晚得多，且壮族的聚居地在越南以北，汉文化似乎更容易影响到壮族区域，因此第二种看法接受的人比较多。一般认为，作为一种独具体系的文字形式，喃字的正式问世年代应是公元 13 世纪。

我们认为，考虑到气候、战乱等因素对文物保存的破坏性影响，现存的物证即使说明了方块壮字产生的时间比喃字要早，也不能由此推断前者促进了后者的产生。壮族和越南京族在历史上都经历了漫长的使用汉字的阶段，两个民族的知识分子在使用汉字的时候肯定也受自身民族语的影响而写出一些和汉字异体字方言字性质一样的文字。方块壮字和喃字的创制者不必仅出于一手，作之不必仅限于一时。如果喃字是在方块壮字的影响和启发下产生的，那么应该是越南人从壮族人那里学会的汉语和汉字，然后再了解方块壮字，最后创制出本民族的文字。目前的喃字没有假借壮语

---

① 周有光：《世界文字发展史》，上海教育出版社 1997 年版，第 96—97 页。

② 李方桂：《武鸣僮语》，中国科学院 1953 年，第 33 页。

的音来记录越南语这种情况。但发现的方块壮字却有假借越语语音的痕迹。如广西龙州县金龙乡立丑村发现的一部汉字和方块壮字对照的杂字体字书中，用"須"来记录壮语表动物的词头tu^1，当地各种汉语方言中没有把"須"读作tu^1或相近的音的，而"须"的汉越音就是 **tu**。还有用"逫"来记录壮语的$thu\eta^1$（蝌蚪），于汉字旁加符号"〈"作为借音之标记，乃喃字所独有，各地壮字中尚属罕见。[①] 越南境内的岱侬族（不妨看作境外的壮族），所用的方块字大部分和广西的方块壮字一样借的是汉语音，字形上也多有完全相同的地方，如"苉 / **phjak⁷**/菜、"岜/ **phja¹**/山"、"許/**huɯ³**/给"、"淰/ **nam⁴**/水"、"伇/ **kɤn²**/人"等等，也有借的越语音，如"扖/ **tam¹**/春米"。[②] "心"的汉越语是**tâm**，而壮语和广西的汉语方言都没有了这个读音。这些壮字和岱侬字的读音和构字方法显示受越南喃字的影响颇深，这表明，喃字甚至反过来影响了地方性方块壮字。

　　再看历代中国封建王朝和越南的交流路径。通往今越南的道路主要有两条：一条由中原南下，经湘江、灵渠转漓江（桂江）至苍梧，经浔江至藤县，再沿北流河南下至北流县，最后取道经玉北古道入南流江下北部湾进入越南。另一条由中原南下，经湘江、灵渠至桂州（今桂林市）经邕州（今南宁市），再经镇南关（今友谊关）进入越南。前一条西汉时期就已开通，后一条经过如今的壮族聚居区和岱侬聚居区，宋代以后才开通。[③] 岱侬人在经济、文化等方面落后于越南的主体民族，难以想象是前者启发了后者文字的产生。蓝庆元（2001）比较了壮语中古汉借词、汉越语和平话的声韵调后指出，它们有共同的来源。中古时华南和西南地区曾经流行着内部比较一致的汉语方言，这种方言可能是平话的祖方言，是壮语中古汉借词、平话、汉越语的借源。[④] 由此可推断，越南喃字是在汉语平话文化的影响下产生的，方块壮字也是在这个文化的催生下出现，它们都是在汉字的启发影响下各自独立产生的。当然壮族和越南京族之间有着犬牙交差的文化接触，表现在文字上，就是有一部分用字是完全一样的，但并不能得出方块壮字引发了喃字产生的结论。

---

① 戴忠沛：《三千书初探》，《广西民族研究》2005 年第 3 期。

② 阮文宣：《谅山高平侬岱族婚仪曲目集成》，法国远东学院，1941 年。所记读音原文用越南国语字标注，本文引用的是转写后的国际音标和台语统一调类。

③ 转引自韦树关《论越南语中的汉越音与汉语平话方言的关系》，《广西民族学院学报》（哲学社会科学版），2001 年第 2 期。

④ 蓝庆元：《壮语中古汉语借词及汉越语与平话的关系》，《民族语文》2001 年第 3 期。

第四节　麽经方块壮字借用汉字表音的各种情况

从第二节麽经方块壮字的分类来看，能反映汉语和壮语语音的是整体借字中的全借字和假借字，形声字中的借音声旁，皆声字和亦声字。而这些字表音的情况，对我们的研究有意义的有以下几种类型：

（1）所借的汉语方音在当地已经消失，但壮字还保留着，说明该地曾经通行某种汉语方言。如《麽荷泰》的"果/ ka^{44} /也"，"勒/ luk^{31} /儿子"，"血/ ςit^{31} /休息"，"呵/ ka^{44} /呀"，"秋/ $thiu^{35}$ /露出来"，这些都不是当地西南官话的语音特征，可能是古平话的遗存。

（2）所借的汉语方音发生了变化，但其读音在壮字中还保留着，说明造这个字的年代在汉语方音音变之前。如田阳8，1027页，"車/ ki^6 /驹"。当地壮语把"车辆"的"车"读为 $t\varsigma e^5$ 或 ςia^1 ，读 ki^6 是一个古老的语音形式。刘熙《释名》云："古者曰车声如居，言行所以居人也；今曰车声近舍，车舍也，行者所处若居舍也。"说明早在东汉时期，"车"已经有了古今的差异。林亦（2001）指出："中古章组字有读牙音的，有古汉越语、现代厦门话、梅县话、湖南的涟源话等等。但'车'读如'居'的非常罕见，今江苏省赣榆县青口地区方言中，'车'字在土词里读成'介'，这恐怕是现代汉语方言中车读居音的罕例了。现代汉语'车'的'居'音一般只保留在象棋子中。在绝大多数方言中，读尺遮切的车成了口语的主流，读九鱼切只是求雅的仿古了。"[1] 如此看来，田阳壮字的"車"读如 ki^6 ，只有两种可能：和古汉越语一样保留了古平话的特点；求雅仿古。如果是第一种情况，那使用"車"字表示"驹"音的年代可追到隋唐时期。

（3）当地汉语的某种特征已经消失，但在壮字中还保留着，说明造这个字的年代在汉语这个特征消失之前，或在目前这个方言覆盖之前，当地使用另一种汉语方言。如巴马当地的汉语方言已经失去塞音韵尾，体现在一部分壮字中就是巴马8，2453页"结/ ke^1 /松树"，"列/ li^4 /还有"。但仍有一部分壮字保留塞音韵尾，如巴马8，2453页的"吉/ kat^7 /把"，这表明当地曾存在另一种有塞音韵尾的汉语方言。

（4）汉语的音没变，壮语的音却已经发生了变化，说明造这个字的年代在壮语语音分化之前。例字有：

巴马10，446页，"供/ $t\varsigma o\eta^1$ /供奉"

巴马3，576页，"盖/ $t\varsigma a:i^1$ /尾"

---

① 林亦：《车字古有"居"音》，《古汉语研究》2001年第3期。

巴马 10，440 页，"朴/tɕok⁸/青竹"

巴马 3，493 页，"吡/ tɕak⁷/菜"，"叭/ tɕa:t ⁷/禳解"

《哑兵椂座爻科》（田阳本），"熏/ tɕok⁸/青竹鱼"

百色 3，3009 页，"岜魚卜 / tɕa¹ tɕok⁸/青竹鱼"

巴马 8，2433 页，"剥/ tɕa:k⁷/额头"

巴马 8，2483 页，"朴/tɕok⁸/青竹鱼"

田阳 7，2543 页，"茫/ tɕak⁷/菜"

田阳 4，2718 页，"卜/ tɕok⁸/青竹"

百色 3，2954 页，"剥/ tɕa:k⁸/离别"

声母部分汉语依然读塞音，但壮语已经变成了塞擦音。和壮语别的方言土语比较，我们知道 k->tɕ-，p->tɕ-。由此可知这些壮字的始用年代在当地壮语塞音演化为塞擦音之前。

同样情况的还有百色 2，1320 页的"凭/ fuɯŋ²/手"，巴马 8，2391 页的"埋/ fa:i²/楠竹"，2394 页的"埋/ fa:i¹/水坝"。汉语依然读双唇音，壮语已变成了唇齿音。由此可知这个壮字的始用年代在当地壮语双唇音分化出唇齿音之前。

这一类壮字的意义在于它们可以给壮语的语音演变提供文献支持。反过来，如果能够确定壮语的语音是在哪个时期发生分化的，则可以推断出麼经壮字的具体年代。

（5）汉语的音没变，壮语却变了，具体从哪个音演变而来不得而知，通过比较可推出壮语早期的读音。如：

那坡本，2908 页，"樏/ ru:n²/家" 2917 页，"腜/ du:n/月"，都是用一个开口三等字来记录壮语的 u 音。但当地壮话并没有把汉语的开口三等字读成撮口呼的情况，"连"字依然读成 li:n⁶（2916 页）。由此可知这些壮字的造字年代在当地壮语的"家"读 rin² 或 lin²、"月"读 din² 或 lin² 的时期。

同样也是那坡本，2892 页，"糒/ mɔ:i⁵/新的"，而 2919 页，却是用另一个合口字来记录壮语的"新"，如"模/ mo⁵/新"。用开口三等字"美"来记录壮语的ɔ是罕见的，因为该字多用来记录壮语的 ai 韵母，如"樸/ mai⁴/木"。由此可知，"糒"的造字年代，当地壮语的"新"读 mai⁵ 或 maɯ⁵（考虑到周边壮语的对应材料）。

（6）当地壮语发生了音变，但在所借的汉字中还有体现，说明造这个壮字从别的壮语地区流入。如巴马 11，663 页，"肥/ mai⁴/树"，在 662 页却是"枛/mai⁴/树"。哪一个壮字更古老不得而知。但我们知道 m~f 是南北壮语的对应规律之一。因此可知"肥"借自一个"树"读 fai⁴ 的地区（如东兰 1，2048 页，"非/ fai⁴/树"）。

　　以上的（1）、（2）、（3）、（4）、（5）类的假设前提是：这些方块壮字属于一个封闭的地域之内。但现实情况是，布麼们使用的麼经，常常是相互传抄的。壮字一旦造出，就有可能流出本方言区的范围。这就使得我们通过壮字考证汉语或壮语的语音演变这一工作变得复杂化。曾有论者（黄笑山，2000）认为有些壮字产生的年代在壮语分化为现代方言以前的产物。这一说法不无道理，但证明起来也是颇费工夫的。要同时考虑两种语言的音变历史，再把借自别的方言区的因素剔除，才能考证出各个壮字的年代。

　　文字是记录语言的符号体系。以字形作为物质外壳来表示字音与字义乃一切文字的共性。文字的演变指的主要是字形的演变，即通过"整形"以更好地表音彰义。古今中外的文字，概莫能外，所以很多文字存在着程度不同的古今差异。例如，英文至今不过一千多年的历史，可是现代普通英国人看16世纪莎士比亚时代的英语，已经有不少困难。而同时代中国的明清白话小说，今天中国小学三、四年级的孩子，就能读个八九。这表明了汉字具有超古今、方音的性质，这是意音型文字的优势：可以自行调整古今语音的变异所引起的语言与文字的矛盾。尽管现有汉字中相当一部分的声符已经不能准确表音了，却仍保留在整字里，这里边也有文字的威望、历代政权对用字的规范带来的文字较强的传承性的因素。但方块壮字一直以来缺少由国家强制力保证的文字使用规范，因此对汉字的表意表音部件的选用有很大的随意性。一方面，字形变化有一定的滞后性，这使得我们可以透过麼经的用字研究汉语和壮语的古今音变；另一方面，文字依赖于语言才能发挥交流作用，语音演变会推动字形发生变化，当一个汉字语音和现实的壮语读音相差到一定程度时，布麼在传抄的时候会对它进行"整形"或改用别的字。如桂中、桂西北一部分麼经抄本，有这样的例子："鲃/ tɕa¹/鱼"、"岜/ tɕa¹/石山"，"茈/ tɕak⁷/菜"，字形和字音已有很大差距，如果方块壮字的发展进程没有被打断，可以想见，布麼会采用更能准确表音的汉字来替代原有的壮字。所以说，《译注》收录麼经的用字中，不会保留太多年代过于久远的壮字。

第五节　广西汉语几大方言在麼经方块壮字中的反映

　　从目前翻译影印的麼经抄本来看，同一个字义，不同地方写法不一样的字很多，也就是说，方块壮字内部存在着大量的异体字。这里边固然有不同的传抄人带来的用字的不同，壮语各方言土语的客观差异，从不同的汉语方言借音，也是两个重要的原因。

　　广西的汉语方言较多，平话（为论述方便，本文把平话从粤语中分离出来）、粤语、西南官话是影响较大的强势方言。平话对广西中西部壮族地区的影响比粤语要早，而西北部地区，早期官话的影响则比粤语早，甚至不受粤语影响。

麼经方块壮字的构件大多数是汉字，而且大量是利用汉字音表壮语音，因此它们是广西汉语方言史的活化石。还有一部分方块壮字是用汉字训读壮语，这就给了我们研究壮语的发展流变提供了一定的佐证。

借自西南官话的语音的壮字很容易看出来，主要表现在：（1）用汉语的入声字作声符记录壮语的舒声词；（2）汉字声符的入声韵尾和壮语的塞声韵尾不一致；（3）只有调值上的近似，没有调类上的对应。这些情况在所有的麼经中都有出现，云南文山的《麼荷泰》表现尤其明显。这说明了西南官话在近现代凭着政治、文化优势在滇南、桂北、桂中、桂西产生了一定的影响。文山壮字即使出现的年代早于明代，但西南官话的影响还是使得早期的大部分壮字或消失或"改型"以适应西南官话的读音了。本文对这三类壮字不进行论述，只重点分析借古平话和粤语的音所造的壮字。

1. 借自古平话语音的壮字的特征如下：

（1）果摄一等字读a或a∶i。例字有：

百色 3，2954 页，"馱/ta⁶/河"

东兰 3，2270 页，"鎖/θva³/锁"

巴马 10，441 页，"逻/ la¹/找"

百色 1，1200 页，"佐/ ça³/等待"

田阳 4，2734 页，"何/ ha²/茅草"

巴马 11，658 页，""河/ ha²/茅"

（2）一部分微母字读f（粤语读m）。例字有：

巴马 10，439 页，"無/ fu²/无"

巴马 3，473 页，"勿/ fɯt⁸/扫"

巴马 3，482 页，"妄/ fa∶ŋ²/鬼"

田阳 5，页 791，"文/ fan²/劈"

田阳 8，983 页，"歪/ fa∶i¹/水坝"，"望/faŋ²/缠"

田阳 9，1099 页，"舞/ fiə⁴/野鬼"

百色 3，3011 页，"武/ fiə⁴/别人"

巴马 11，638 页，"微/ fi²/火"，

田阳 3，820 页，"舞/ fɯə⁴/餐"

（3）遇摄合口一等字读o（广府粤语读ou，近代平话读u）

田阳 7，2587 页，"墓/ mo⁵/新"

田阳 9，页 1099，"墓/mo⁵/新"

田阳 7，2651 页，"鲁/lo⁴/或者"

田阳 7，2588 页，"度/ to⁴/相"，2605 页的 "度/ tu¹/我们" 则表明借自近代平话。

（4）一部分遇摄三等合口字读ɯ或iə（广府粤语读 y 或 œy ）。例字有：

巴马 8，2397 页，"玉/ jɯ⁶/玉"（塞音韵尾脱落似乎又说明其在近现代的演变）

田阳 8，1031 页，"虞/ ŋie²/蛇"

田阳 7，2535 页，"驴/ lɯ²/忙"

百色 1，1246 页，"句/ kiə¹/喂"

百色 1，1277 页，"句/ kɯ⁵/词句"

那坡本，2928 页，"㙈/kɯ¹/ 盐"

东兰 3，2212 页，"女/nɯ⁴/女"

巴马 3，572 页，"吕/ lɯ⁶/换"

田阳 3，693 页，"除/ tɯ²/听"

田阳 8，988 页，"語/ jiə³/草"

田阳 8，983 页，"女/ nɯ³/妇女"

田阳 7，2587 页，"居 / kɯ⁶/胀"

（5）疑母读ȵ。例字有：

东兰 2，1535 页，"牙/ ȵa¹/齿"

巴马 7，2641 页，"义/ ȵa：u⁶ /虾"

巴马 7，2644 页，"魚/ ȵɯə²/鱼"

东兰 2，1521 页，"元/ ȵuən²/元"

（6）轻重唇音不分。例字有：

田阳 8，988 页，"房/ puəŋ² /背篷"

巴马 1，226 页，"佛/pat⁸/佛（天）"

《麽荷泰》，2794 页，"放/ ba：ŋ¹¹/鼯鼠"

田阳 8，988 页，"捧/fo:ŋ¹/补"

田阳 4，2716 页，"傍/ fiəŋ⁴/一半"

2. 借自粤语语音的壮字特征如下：

（1）一部分溪、晓、匣母合口一二等字读f（平话读v或kh）。例字有：

田阳 3，694 页，"快/ fa：i²/毛竹"

百色 3，3007 页，"唤/ fiən¹/山歌"

《麽荷泰》，2878 页，"荒/ fo：ŋ⁴⁴/荒"

《㖔 兵椛座攺科》（田阳本），863 页，"花/ fa³/块"，而 875 页的 "花 / va¹/花" 则借自古平话音。

（2）宕摄合口字读o:ŋ（平话读a:ŋ）。例字有：

田阳7，2651页，"芳/**fo:ŋ²**/射穿"

巴马8，2395页，"亡/**mo:ŋ¹**/脏"

巴马8，2405页，"仿/**fo:ŋ¹**/补"

《麼荷泰》，2878页，"荒/ **fo:ŋ⁴⁴**/荒"，

3. 借的是中古音，是古平话还是粤语，尚难区分的有：

《哑兵楝座厃科》（田阳本），903页，襪/ **mat³¹**/袜"

东兰4，2344页，"慢/ **ma:t⁸**/袜"

百色3，3007页，"網/ **muəŋ⁴**/渔网"

田阳4，2725页，"何/ **ho⁴**/抓"

巴马10，435页，"弟/ **tai⁶**/布袋"

东兰3，2210页，"佛/**fat⁸**/说"

《哑兵楝座厃科》（田阳本），865页，"旺/**fo:ŋ¹**/补"

　　从以上分析可以看出，所有的麼经抄本用字都显示出古平话的影响。云南、桂北等地现今通行的汉语方言是西南官话，但壮字里还是能看出古平话的痕迹。有些地方的抄本没有粤语的痕迹，如那坡的麼经，说明粤语没传播到该地区。有些地方的则是古平话、粤语的影响都有（如百色、田阳等地的麼经），说明这些地方是古平话、粤语叠加的区域。这是符合汉语各方言土语在广西的传播和流布情况的。有意思的是，一般认为粤语没有传播到桂北和滇东南，但桂北和滇东南的一些麼经里却有粤语读音的痕迹，如巴马8和《麼荷泰》，说明粤语曾经进驻当地，对当地的汉语土语产生了一些影响，但势力微弱，最终没能"存活"下来。

第三章　麼经的词汇

麼经布洛陀包罗万象的内容非常适宜研究壮语词汇的内容系统。人类社会的发展状况往往最直接、最快速地反映到词汇上。"一个时代的客观社会生活，决定了那个时代的语言内容；也可以说，语言的内容足以反映出某一时代社会生活的各个方面。社会的现象，由经济生活到全部社会意识都沉淀在语言里面。"① 作为壮族宗教诗体经文，麼经抄本保留了大量古词，我们得以超越口语词的有限性了解壮语演变发展轨迹；麼经抄本保存了不少文化词，对其进行解读有助于我们了解壮族社会历史文化的某些方面；麼经抄本因其用词特性，可以帮助我们深入了解壮族宗教用词的特色；抄本广泛的地域来源，保留了大量极具特色的方言词，从中我们既可以看到壮语各地方言词汇的差异，又可以领略地域对方言的深刻影响；不少方言词是麼经抄本所独有的，在现有壮汉词汇词典中不见收入，解读它们对壮语方言研究很有价值。

第一节　古词和文化词

与用字的不稳定性相比，麼经保留的词相对稳定。麼经是用来喃颂的，布麼必以字形是否能帮助记忆读音为前提，所以字形就会相应变动。而词汇则不同，麼经是布麼与神、鬼进行沟通的语言，对布麼来说，词汇变化太大则引起内容的改动，导致交流出现障碍或失败。这就是麼经的一些特殊词术语、古词得以保留的原因。

布麼求助于布洛陀、米渌甲，就得喃诵经文请求神灵的降临。"请"这个意义，大部分经文都用了汉语借词的"请"，这说明了汉语的"请"带有的恭敬、尊重等文化色彩使得布麼更倾向于使用这个词。除了这个形式，各抄本中还保留别的形式，如：

巴马9，13页，"例"：

| 蘭 | 明 | 枂 | 造 | 例 |

---

① 罗常培：《语言与文化》，北京出版社2004年，第108页。

la:n²	muɯŋ²	ŋ̠a¹	ɕa:u⁴	**lai²**
家	你	不安	就（来）	**盛请**

你家不安宁就来请。

例	布	斗	罪	木牙
lai²	pau²	tau³	ɕo:i⁶	ŋ̠a¹
请	祖公	来	梳理	乱子

请祖公来梳理乱子。

巴马 9，14 页，"提"：

提	布	懇	千	昆
tuɯ²	pauɯ⁵	huɯn³	ɕi⁶	ko⁵
请	祖公	来	就	断绝

请祖公来就断绝。

14 页，"可"、"顧"：

妹	鴨	記	可	布
me⁶	pit⁷	ke⁵	**ko⁵**	pau⁵
母	鸭子	老（的）	**恭请**	祖公

用老母鸭来恭请祖公，

欽	糘	那	顧	布
kam¹	hau⁴	na²	**ko⁵**	pau⁵
一把	稻米	田	**恭请**	祖公

抓一把稻米来恭请祖公。

《麽叭科儀》（巴马 10）
"可"：

欽	糘	那	可	布
kam¹	**hau⁴**	**na²**	ko⁵	**pau⁵**
一抓	米	田	盛请	祖公

花	糘	橙	可	布
va²	**hau⁴**	**taŋ³**	**ko⁵**	**pau⁵**
一抓	谷	子	盛请	祖公

《六造叭》（巴马 11）：

甫	丕	雷	佈	斗
pu⁴	pai¹	lai²	pau⁵	tau³
人	去	请	祖公	来

有人去请祖公来。

《呼社布洛陀》（东兰 3），2227 页：

任	保	老	斗	们
in⁵	pau⁵	la:u⁴	tau³	map⁸
请	祖公	大人	来	打

请祖公大人来打。

《麽荷泰》，

崩	得	斗	也	斗
poŋ⁴⁴	dai³³	tau³³	le⁴⁴	tau³³
请	得	来	也	来

能请来就来。

　　要去"请"某个人，可以用"叫某人来"、"要某人来"等相近的表达形式，以上例句中，ko⁵是古平话的"雇"，这个词的借入表明当时的壮族社会产生了雇佣关系。巴马 9、巴马 11 的 lai² 表示"叫喊"义，巴马 9 的 tɯ² 是汉语的"持"，　其余例句的"请"在口语中已经很少用，大部分都被汉语的ɕiŋ³（或别的变体）所替代。这些词只保留在麽经里表示"恭敬地请"这个意思。说明这些词非常古老，它们在口头麽经产生的年代已经存在了。发展到今天，已经变成麽经的特殊术语。
　　麽经里大量使用对偶、排比等修辞方法，因此意义相通相近的词得以镶嵌出现在多个分句中，这让我们看到了不少口语里很少用甚至已消失的词。如：
东兰 5，1969 页：

尬	犸	妹	麻	卡
kap⁸	ɕɯ²	me⁶	ma¹	ka¹
抓	黄牛	母	来	杀

抓母黄牛来杀，

鐔	酒	龙	麻	开

ha:m⁶	lau³	la:u⁴	ma¹	hai¹
坛	酒	大	来	开

来开大酒坛，

甲	舟	雷	麻	也
kap⁸	mu¹	ra:i⁶	ma²	**ȵe²**
抓	猪	野生	来	杀

抓野猪来杀。

　　如果不是对偶句，我们很难看出"ȵe²"是"杀"的意思。这一表达在当地口语中已经找不到了，是否是壮族历史上狩猎时期遗留下来的词，还需要进一步研究。

　　口语里已经消失或很少使用，但仍保留在麽经里的还有身体部位的一些词，如：

巴马3，582页：

王	造	吋	里	令
vuəŋ²	ɕa:u⁴	**tɕai²**	li⁶	liŋ⁶
王	才	思虑	连	连

王才忙着考虑。

东兰5，1866-1867页：

东兰5，2008页：

結	坐	喇	地	度
tɕai²	ɕo⁵	la³	ti³	tuŋ⁴
想	在	下	底	肚

在肚子里暗暗思忖。

东兰3，2200页：

吋	作	肚	腊	安
tɕai²	ɕo⁵	tuŋ⁴	la:k⁸	a:n⁶
考虑	在	肚子	不	安

内心考虑心不安。

百色1，1138页：

妣	造	業	猧	朱

pai⁴	ca:u⁴	diəp⁷	ma¹	ɕɯ¹
媳妇	才	考虑	回到	心

媳妇才想起。

那坡本，2922 页：

恁	tsaɯ¹	心

百色 1，1144 页：

樣	樣	利	得	朱
jieŋ⁶	jieŋ⁶	di¹	tuk⁸	ɕɯ¹
样	样	吉祥	如	意

每件事都吉祥如意。

以上句子的tɕai²，是一个民族固有词，与同语支的语言比较，可知原意为"心"。古人认为心脏是思考的器官，因此又可引申为"想、考虑"。然而除了云南的壮语，广西绝大部分的壮族口语里已不存在这个古词。"心脏"用θim¹、"想"用θi:ŋ³，都借自汉语。tɕai²保留在麽经里，说明麽经年代的久远，也说明麽经体系的封闭性。百色 1 的ɕɯ¹是否由民族固有词tɕai²音变而来，还有待考证。如果是从汉语的"思"发展而来，则是由于联想的作用，由"思考"推演成"思考的器官、心脏"。

麽经里还有一些词显示出了动植物及生态环境的变迁。如前文提到的"大象"和"凤凰"，说明麽经产生、流传的年代，象群和孔雀曾经存在过。

有一些古词和特定的历史时代有关。如：

《麽荷泰》，2798 页：

果	板	丙	問	放	唅	龍
ko⁴⁴	pan⁴⁴	le:ŋ⁴⁴	tɕham³⁵	fa:ŋ⁴⁴	tɕin³⁵	zum³¹
也就	成	铜铃	问	神	吃	祭品

就用铜铃请神吃祭品。

巴马 8，2486 页：

造	叮	罗	盖	王
ɕa:u⁴	kuək⁸	lo:m²	ka:i⁵	vuəŋ²
正是	做	贡品	给	王

就备好贡品献给王。

田阳 7，2624 页：

許	國	冧	个	皇
hai³	kuək⁸	**lo:m²**	ka:i⁵	vuəŋ²
让	做	供品	给	王

让我们备好供品献给王。

巴马 9，36 页：

进	银	粮	银	镙
hau³	ŋan²	liəŋ²	ŋan²	**lum⁴**
纳	银	粮	银	赋

缴纳银粮和赋税。

　　这些词从语音、语义上看应该都是同源词。该词本身就已经蕴涵了几个不同的历史时期的特定意义。从人类社会发展顺序来看，应该是原始社会时期产生了神灵观念，祭祀神灵，献上的供物叫 **lo:m²**（或别的变体）。到了土司时代，实行领主经济，辖区内的壮民，每年都要向土司家族缴纳银粮等各种贡赋。**lo:m²**在原有意义上又多了"贡赋"的意义。随着土司制度的瓦解，**lo:m²**又回到了原有的意义上来，泛指各类供品，这在口语里还可以看到。

　　另外一些词可以印证壮族社会曾经存在过的历史现象，如：

东兰 5，页 2006：

请	仆	主	淋	卬
ɕiŋ³	pu⁴	θu³	ram⁴	in⁵
请	那位	主管	水	印把

请那位掌管水利印章的人。

　　侗台语民族是稻作民族，很早就掌握了水利灌溉技术。沟渠灌溉是一项需动员广大社会力量才能完成的工作。组织人力开挖、维护，对水量进行调配，客观上促进了社会管理体系的发展。傣族有详尽的文献，我们从中可看到相当完备的有关农田灌溉的行政管理体系：自宣慰使司署、各勐司署以至各个村寨，都设有专管人员。宣慰的内务总管，即是理财官又是水利官。分布在各勐的各条大沟渠，都设有正、副二职的水利总管，管理本沟渠灌溉区的水利事务。在灌溉区以内的各个村寨，也设有"板闷"，并推选两人协同正、副总管管理水利。这两人通常是住在水头寨和水尾寨，以保证水量分配大体均衡。所有这些专管人员，构成了管理水利的垂直系

统。系统内部越往上，掌握的权力越大。壮族社会由于缺少文献记载，我
们已经无从知道这方面的历史情况了。直到解放前，壮族社会绝大部分是
封建地主制经济，田地已经具体到个人所有，休整河坝水渠是土地所有者
之间进行协商的工作，不再有专人负责这方面的事务。遇到纠纷，也是由
"寨老"出面调和。麽经中的 pu⁴θu³ram⁴in⁵，意即手中拿着官印，掌握着
水利调配权的人。这个人应该和傣族社会的水利官相似。拥有这一权力的
人在社会的更替、新的经济形态的到来而消失，在口语里也没有保留下来，
但作为曾经存在的历史事物，这个词仍然保留在麽经里。

　　麽经里还有很多和女性有关的词语，从中可以看出原始社会女性崇拜
的痕迹，反映出壮族社会过去曾经有过一个母权制的时代。如《麽荷泰》，
2845 页，"乜水/me³¹nam⁵⁵/母水域"，即水之母，水的源头。水是生命之
母，此指人类之源。"乜們/me³¹muɯŋ⁴⁴/母村寨"，即地域村寨之母，此指
人类之母。巴马 3，587 页，"妹那/me⁶ na²/母田"。指的是寨公田，村民
在这块田地集体耕作、收割，庆收成祭祖。田阳 3，730 页，"妹那/me⁶ na²/
母田"，指土地肥沃、水源充足而用作秧田、稻种田的水田。把这些田地
称作田地之"母"，把它们看作负载者、供给者、荫庇者，这是女性崇拜
的体现。

　　女性崇拜的突出表现形式是女神崇拜。东兰 5，1930-1933 页，提到了
"王燧巢"，教人们造火、炼铁、打造农器、种植、纺织等。很明显，"王燧
巢"是从汉族的"燧人氏"、"有巢氏"衍生而来，并且承担起了"神农氏"
的一些职能。而在壮族麽经中，"神农"是女性（如巴马 3，585 页的"娘
神农"，百色 3，2965 页的"奶神農"），是掌管稻种的女神。麽经叙述，水
稻是麽渌甲从山上采来野生稻栽培种植的。收成后放在谷仓里，由神农婆
看管。鸟和老鼠到神农婆那里取来谷种，那时人们没有犁，用长石来耕种，
从此才吃上了稻米。这说明壮族地区在新石器时代就有了原始稻作农业，
并有了本民族的女性农神。巴马 7，2639 页，百色 3，2967 页，提到了"盘
古婆"。盘古在汉族神话中是开天辟地的男神，在壮族麽经里，有时是男性，
有时是女性。可见汉文化传播到壮族地区后被壮族稍加改造，成了壮族女
神崇拜中的一部分内容。巴马 4，300 页提到"奶王"。壮族民间传说中的
世间万物之母，地上的动物、植物都是她创造的。传说她在农历七月十七
这天生病，七月十八病重，七月十九去世，七月二十出殡安葬，七月二十
一又生还，年年如此。至今广西右江流域的西林、田林、百色、田阳等地
的壮族村寨还传承"哭奶王"及为其送葬的习俗。参加者全为女性，由巫
婆领头，从七月十九凌晨鸡啼开始哭诉，直到七月二十早上奶王出殡后结
束。据说奶王去世那天如果下雨，则当年秋季就秋高气爽，有利丰收；如

果天晴，当年秋季就会秋雨绵绵，影响丰收。民间还传说哭奵王那天田间看不见一只麻雀，第二天麻雀出现时身上披一层白霜，这是麻雀为奵王戴孝。这个风俗在云南文山的壮族聚居地也有流传。“奵王”崇拜是很典型的女神崇拜，但在父权制社会却被一步步边缘化，只在女性信徒中有一席之地。归根结底，女性崇拜不仅是对妇女的尊敬，也是对土地、生育、创造力的敬仰。在采集和种植占主导地位的原始社会，女性的地位是很高的。表现在神话传说中，就是女神的多样、女神造动植物、女神掌管农业等。麽经的用词很好地反映了一些特定历史阶段的存在。随着私有制和阶级的确立，男性逐渐掌握主导权，女性占据主导的地位日趋下降。我们亦可从麽经中发现其所处时代性别不平等的主流意识和主要倾向。如莫柳桂对抄本《〈広呍佈洛陀〉》进行统计，发现男神所占的比例为 59%，女神所占的比例为 32%；而《译注》收录的所有抄本，共涉及一百多位神，女神仅占十几位，由此可以看出其“扶阳抑阴”，即男主女从的倾向。①

麽经抄本的一些词，通过对其语音的考证，可推翻先前的一些结论。如表示“生出”、“造就”义，各地的麽经都用了 ɕut⁷（或其他的变体）。蒙元耀（1995）、谢多勇（2007）认为这个词不是简单的“出、出现”，它有着壮族浓厚的宗教意识和文化色彩。有“某地风水注定要产生、出现（某类特殊人物）”的唯心色彩。②③确实，各地麽经抄本中都能找到不少这样的例句，如：

东兰 5，2008 页：

妹	文	𠚴	文	托
me^6	$vi\eta^4$	εut^7	$vi\eta^4$	tok^7
母	吝	生	吝	出来

母亲把吝生下来。

这个“吝”就是壮族传说中改变了“食用亡者的肉”的古老习俗，把孝敬父母观念带到壮民生活中的著名人物。因此他的出生用 ɕut⁷ 这个词来表达，这是有一定道理的。

但也能找到一些相反的例子，如：

东兰 2，1707 页：

𠚴	獨	了	本	耒

① 莫柳桂：《古壮文典籍〈広呍佈洛陀〉词汇研究》，中央民族大学硕士学位论文，2010 年。

② 蒙元耀：《论〈布洛陀经诗〉的语言价值》，《民族语文》1995 年第 1 期。

③ 谢多勇：《〈布洛陀经诗〉中的古壮字和壮语词汇》，《广西社会科学》2007 年第 1 期。

ɕut⁷	tu²	de:u¹	pan²	la:i¹
生	个	一	成	多余

生出一个多余的孩子。

东兰 3，2166 页：

出	独	了	閑	来
ɕut⁷	tu²	de:u¹	pɯn⁶	la:i¹
出	个	一	蠢笨	多

生出一个很蠢笨的孩子。

傻瓜、笨蛋的出生也用 ɕut⁷，这就推翻了"人杰地灵"的意义。如果说这个句子故意颠覆词的感情色彩，以达到讽刺、诅咒的效果，因此还不足以推翻 ɕut⁷ 本身含有的宗教色彩的话，再看以下句子：

东兰 5，1849 页：

猪	羊	春	力	□
mu¹	juən²	ɕut⁷	lɯk⁸	□
猪	羊	生	仔	□

猪牛生崽□，

……

懷	生	宿	得	良
va:i²	θe:ŋ¹	θuk⁷	tɯ²	re:ŋ²
水牛	生	一胎	着	力

水牛生崽很用力。

动物、牲畜生崽也用 ɕut⁷，可见"出/ɕut⁷"并不总含有"人杰地灵"之义。从声韵调上看，"ɕut⁷"很有可能就是借自汉语的"出"，虽然借入之后语义发生了一定的衍变，带上了一定的文化色彩，但不应把这个色彩无限扩大，总的来说，它有"生出、产出"之义，是一个中性词。

麼经里语音相近的词很多，如果单从语音形式的近似很容易得出一些理所当然的结论。但把其所在的句子放在一起分析，却可以推翻一些以往的结论。如表示"姓氏"意义的词，一般有两个：ɕing⁵和vai¹。前者很明显是汉语借词，后者是民族固有词，原意不甚清楚。《译注》里认为本民族固有的表示"姓氏"的意思是从"男性生殖器"——vai²引申而来。姓氏的出现应是壮族父系社会得到确立以后。但"男性生殖器"这个词显然和麼经里表示"姓氏"的vai¹调类不一致。如：

巴马 10，352 页：

力	漢	爲	得	父
luk⁸	ha:n¹	**vai²**	tuk⁷	po⁶
儿	应声	屌	给	父

儿子对父亲应了声脏话。

巴马 10，363 页：

茂	㖞	非	黎	卬
bau⁴	nau²	**fai¹**	lau²	ɯn⁶
不	说	姓	哪	别的

不说别的姓。

巴马 3，456 页：

不	論	非	累	温
bau⁴	luɯn⁶	**fai¹**	lau²	ɯn⁶
不	讲	姓	哪	别的

不说别的姓。

巴马 3，458 页：

孖	辛	位	特	父
luk⁸	ɬan⁵	**vai²**	tuk⁷	po⁶
儿	抖动	生殖器	对	父

儿子对父亲抖动生殖器。

百色 1，1128 页：

漢	久	爲	得	父
han¹	tɕau³	**vai²**	tuk⁷	po⁶
（儿）挺起	头	阴茎	对着	父

儿子对着父亲挺起生殖器。

百色 1，1165 页：

不	㖞	非	黎	卬
bau⁵	nau²	**fai¹**	la²	ɯn⁵

不	说	**姓**	哪个	别的

不说别的姓。

"男性生殖器"和"姓"两词的区别是很明显的，因此可能不具有共同的来源。而表"名"的，也有两个：ɕo⁶和miŋ。后一个是汉语借词，前者是民族固有词，大多表示"小名、乳名"的意思。如：

东兰 3，页 2210

力	勿	之	号	作
luɯk⁸	fɯ⁴	ɕi⁶	he:u⁶	ɕo⁶
儿	别家	就	喊	名

别人家的孩子就喊小名。

力	勿	之	诉	名
luɯk⁸	fɯ⁴	ɕi⁶	θu⁵	miŋ²
儿	别家	就	唤	名

别人家的孩子就唤乳名。

2211 页：

奴	作	伦	否	眉
nau²	ɕo⁶	ʔniŋ⁵	bau⁶	mi²
讲（起）	名	小	没	有

提及小名没有。

壮族先民在秦汉后，受汉文化的影响，才出现用汉字标写的姓氏。据有记载可考、最早的壮族姓氏是西汉元鼎年间（公元前 116—前 111 年）的南越国丞相吕氏，欧骆左将黄氏；其次是东汉延康元年（220 年）的钱姓、晋义熙十三年的徐姓。南北朝至隋朝时期（420—618 年），有冼、王、邓、杜、冯、李、庞、陈、宁、莫等姓。唐宋以后，随着汉族人的大量迁入，姓氏才大大增加。① 从这个意义上说，壮族原本是没有姓的，只有名。但壮族先民以一定地域的部落联盟为基础的族群命名，应该出现得比较早，当在父系制建立和部落联盟社会阶段，延至唐宋时期。如宋范成大《桂海虞衡志》的记载："羁縻州洞，隶邕州左右江者为多。旧有四道侬氏，谓安

---

① 转引自李文波《广西壮语地名与壮汉语言接触、文化交融》，广西大学硕士论文 2004 年，第 10 页。

平、武勒、忠浪、七源四州，皆姓侬。又有四道黄氏，谓安德、归乐、露城、田州四州，皆姓黄。"这些汉文文献也只是反映了当时壮族地区的姓氏聚落是成片分布的，也许和部落联盟有关，但同样没有告诉我们壮族姓氏的起源。

总之，麽经保留的一些古词，记录的是本地区的客观事实以及历史的描述与探讨，蕴含了来自遥远年代的信息，反映了古代壮族社会政治、经济、文化、习俗、生态环境的相关特点。如能知悉其语源本义，匡正随意乃至谬误的解读，我们便能对壮族语言文化有更深入、更立体的了解。

第二节　方言词

一般说来，壮语内部的词汇，南北方言之间的差别是比较大的。由于民族内部分离的时间较长，壮族历史上没有形成过全民族统一的政治中心和经济中心，加之羁縻制和土司制对壮族地区"分而治之"造成各地交流的减少及山川阻隔等地理原因，各个方言土语都有一些特有的方言词。这在麽经里也有体现，不过情况有时会相对复杂一些，有些词甚至和口语方言词的分布不大一样。以下将对几大类方言词进行分析。

（一）汉借词、固有词都有，不同形式的混合使用是社会生活的需要。

表"神灵"、"神怪"意义的词，各地的表达形式很多，如：

巴马4，135页：

邦鬼	幼	咟	甫	老
fa:ŋ²	ju⁶	pa:k⁷	pu⁴	la:u⁴
鬼神	在	嘴	人	老

鬼神在老人的嘴巴里。

咟	甫	者	成	宝
pa:k	pu⁴	ke⁵	pan²	pa:u³
嘴	人	老	是	宝

老人的话是宝。

东兰2，1641页：

那	放	芇	介	問
na³	fa:ŋ²	ra:n²	ka:i¹	ham⁵
前面	神	家（的）	莫	问

别问前面的家神。

　　fa:ŋ² 是个民族固有词。绝大部分的麼经抄本里，多表示"鬼"的意思，带有邪恶的属性，会作祟于人间。但在以上两个例句，fa:ŋ² 显然是善的，对人有益处的。也许这个词最初的意义并不带有善恶的分别，只表示某种"灵异"的意思，随着人类思维的发展，这个词逐渐发展出"善"、"恶"的区别来。上林壮语、布依语等至今还是"神"、"鬼"不分，而别的地方却是"神"用汉语借词，"鬼"用民族固有词。不过这些汉语借词借入之后，意义产生了一些变化，如：

巴马1，225-226页：

金	银	宝	未	置
kim¹	ŋan²	pa:u³	fi⁶	ɕi⁵
金	银	宝	未	造

金银财宝还没有造出来，

佛	四	已	未	闲
pat⁸	ɬi⁵	ɕi⁶	fi⁶	ha:i¹
佛（天）	四	角	未	开

佛天四角还没有打开。

巴马8，2478页：

皮	里	幼	傍	佛
pi⁴	li⁴	ju⁶	puɯɜŋ²	pat⁸
兄长	还	在	地方	神

兄长还在神仙待的地方。

那坡本，2935页：

造	坡	嵩	个	社
tsa:u⁶	po¹	suŋ¹	ka⁶	ɕe⁴
造	坡地	高处	那个	社神

造出高坡那个社神，

造	香	火	个	佛
tsa:u⁶	hi:ŋ¹	fai²	ka⁶	pat⁸
造出	供香	奉火	那个	佛事

造出香火佛事。

东兰2，1679页：

介	馬	眉	力	礼	力	佛
ka:i⁴	ma²	mi²	lɯk⁸	dai³	lɯk⁸	fat⁸
为	何	生	儿	得	儿	神

为什么生出孩子好如神仙。

这个词借自汉语的"佛"，读重唇音表示该词借入年代的久远。从以上例句中可以看出，它还引申出了"佛天"、"佛地"、"佛事"、"好的、宝贵的"等意思。在其他一些经书中发现"佛"还可以用来表示"冤怪"。如《布洛陀经诗译注》中有"cingj byat yeh goj（请冤怪们一起来）、cingj byat daeuj dox caez（请冤怪来相聚）"的说法。byat 即汉借词"佛"，在经文里指"冤怪"，受冤而枉死的这种鬼怪心怀不服，故到处作祟，报复他人。[1]

除了"鬼"、"神"、"佛"等词，还有表示"精怪"意义的词，如：

巴马3，466页：

妣	召	贯	是	寅
paɯ⁴	ɕi:u⁶	ko:n⁵	ɕi⁶	hin¹
媳妇	从	前	是	妖

从前媳妇是妖精。

田阳4，2716页：

演	屋	那	王	曹
hin¹	o:k⁷	na³	vuəŋ²	ɕa:u²
妖精	出现	面前	王	曹

妖精出现在王曹面前。

田阳4的"hin¹"和"石头"同音。似与石头崇拜有关。再看别的麽经抄本"石头"和"妖精"的表达形式：

田阳5，824页：

國	磺	貧	毒	落
kuək⁸	lin¹	pan²	to:k⁷	la:k⁸
做	石	磨刀	生	根

让磨刀石生根。

……

---

① 谢多勇：《〈布洛陀经诗〉中的古壮字和壮语词汇》，《广西社会科学》2007年第1期。

國	千	磺	萬	怪
kuək[8]	çiən[1]	**hin[1]**	fa:n[6]	kva:i[5]
做	千	妖	万	怪

造出千妖万怪。

　　田阳的"石头"和"精怪"用的同一个字——"磺"，但读音略有不同。也许"石头"和"精怪"在意义上曾经有过联系，不然不会采用同一个书写形式。壮族的石头崇拜、"石头有灵论"能给这两个词的意义联系提供佐证。随着时间的推移，意义上的差别最终导致了两者逐渐分道扬镳。

田阳4，2731页：

艮	淂	光	吟	庫
ŋan[2]	tɯk[7]	**kva:ŋ[1]**	kam[1]	ho[5]
银子	给	鬼神	管	仓库

银子给鬼神，让它们来掌管仓库。

批	娄	光	土	地
pai[1]	lo[1]	**kva:ŋ[1]**	to[3]	ti[6]
去	吧	君	土	地

去吧土地神。

　　kva:ŋ[1] 指有才智、有本事和具有特定身份而受敬重的人。不单可以指神仙，还可指丈夫、男情人、官吏、君子、布麽等。这些意义都和男性有关，这个词也许产生于父系氏族公社之后的年代。
　　总而言之，"神灵"、"鬼怪"等词的多样丰富性，是壮民族"尚鬼"、多神崇拜的社会生活的体现。

"路"：
巴马3，526页：

不	鲁	个	累	斗
bau[4]	lo[4]	**ka[1]**	lau[2]	tau[2]
不	懂	路	哪条	来

不知道从哪条路过来。

巴马11，页623：

司	龙	**煉**	龙	橋
ɕɯ¹	loŋ²	**liən⁶**	loŋ²	ki:u²
书	修	路	修	桥

照着书上所说修路修桥。

巴马11，625页：

佈	朝	可	他	斗
pau⁵	ca:u⁴	**ka¹**	te¹	ma¹
祖公	从	路	那	来

祖公从那条路过来。

田阳9，1060页：

明	批	峝	赖	个
mɯŋ²	pai¹	toŋ⁶	la:i¹	**ka¹**
你	去	田峒	多	路

你去田峒那边道路多。

东兰1，2134页：

限	兄	古	拜	永
hat⁷	tɕo:k⁸	ku³	pja:i³	**jon¹**
早上	明天	我	走	路

明天早上我走路。

廸	兄	古	拜	路
ŋon²	tɕo:k⁸	ku¹	pja:i³	**lo⁶**
日子	明天	我	走	路

明天我走路。

巴马8，2402页：

斌	勿	晊	里	光
fɯə⁴	fɯət⁷	**lon¹**	le²	kva:ŋ⁶
别人	修	路	就	宽

别人修路是宽的，

灰	勿	路	不	光

ho:i³	fɯət⁷	**lo⁶**	bau⁴	kva:ŋ⁵
我	修	**路**	不	宽

我修路就不宽。

田阳 7，2580 页：

旺	滕	湺	連	路
va:ŋ¹	taŋ²	**hon¹**	liən²	**lo⁶**
横	到	**路**	连	**路**

路和路相连。

lo⁶是汉语借词，其余都是民族固有词。**hon¹**（或别的变体）原来是"路"的总称，从汉语借入**lo⁶**之后，**hon¹** 的在口语里的意义缩小，多用于"乡间的小路"了[①]。但在麼经里，还没看到这样的分工，还处在并用的阶段。

总的来说，汉语词借入之后，先是和民族固有词并用，后来，汉语词表达主流的、正面的意义，固有词退而表达小众的、隐暗的，甚至是负面的那一部分意义。这在麼经里已经有表现了。

（二）不同的区域性特有词同时出现在一个抄本里，说明是麼经抄本交流的结果。

一般说来，"鬼"这个词，北部壮语和布依语用 fa:ŋ²，南部壮语用 phi¹，但麼经里却出现了北部的田阳用了南壮的词，南部的云南文山用了北壮的词的情况，如：

《麼荷泰》，2798 页：

果	板	丙	問	放	唅	龍
ko⁴⁴	pan⁴⁴	le:ŋ⁴⁴	tɕham³⁵	**fa:ŋ⁴⁴**	tɕin³⁵	zum³¹
也就	成	铜铃	问	神	吃	祭品

就通过铜铃请神灵吃祭品。

田阳 4，2754 页：

恨	娄	配	山	何
hɯn³	lo¹	**pai¹**	ɬa:n⁶	ho²
上	吧	鬼神	三	合

上来吧，三合神。

---

① 张均如等著：《壮语方言研究》，四川民族出版社 1999 年版，第 383 页。

这种情况也许是由于麽经跨地域传抄带来的结果。A 地和 B 地各使用不同的词，在口语里不会同时出现，但在麽经的交流传抄中，双方都分别抄下了对方的方言土语词。说明了在历史上的某一时期，布麽们曾经进行过一定范围内的麽经交流或统一的编订。在交流过程中，来自不同地区的方言词得以同时出现在一个抄本里。A 地的词汇在 B 地的麽经中保留了下来。同样情况的词还有：

"天空"：

《麽荷泰》，2817-2818 页：

孤	呵	三	温	篩	炭	天
ku^{55}	ha^{55}	sa:m^{35}	van^{44}	ça:i^{33}	thaŋ^{35}	fa^{55}
我	说	三	天	跨越	到	天上

我说三天就能跨越到天上，

五	温	篩	炭	們
ha^{33}	van^{44}	ça:i^{33}	thaŋ^{35}	bwn^{35}
五	天	跨越	到	天空

五天就能跨越到天空。

那坡本，页 2891：

丕	墠	許	芶	喤
bwn^{1}	dwn^{2}	hɔi^{3}	kau^{1}	ka:ŋ^{3}
天上	地界	让	我（来）	讲明

天上地下都让我来讲明。

立	年卑	你	奁	美心
lap^{8}	pei^{1}	ni^{1}	fa^{4}	mɔi^{5}
竖立	一年	这	天界	新的

竖立这一年，天界是新的。

bwn^{1} 和 **fa^{4}** 分别是北部词和南部词，但出现在同一个抄本中，只能解释为异地传抄的结果。这些词共存于麽经中，也只存在于摩经中，在口语里并没有这种情况。

与这种情况相似的是，同一个抄本出现用几个不同的字来表示同一义项的几种相似读音的情况，而这在当地口语中是不存在的，除了麽经异地传抄带来的结果之外，还有一个解释是壮语各土语区有时候会存在相邻两个村子关于一种事物有两种不同的说法，布麽为了迎合当地群众的众多需要，采用多种说法以丰富其词汇①。如：

"高"，东兰 2 出现了两种读音θoŋ和θa:ŋ¹，分别用"松"和"桑"来表示：

1739 页：

七	早	松	外	乜
ɕat⁷	hat⁷	**θoŋ**	va:i³	me⁶
七	早	高	过	母

七天之后比母亲还高。

1778 页：

七	早	**松**	外	迷
ɕat⁷	hat⁷	**θoŋ**	va:i³	me⁶
七	早	**高**	过	母

七七天后比母亲还高。

1743 页：

力	黄	那	本	**桑**
luɯk⁸	vuən²	na³	pan²	**θa:ŋ¹**
儿	王	脸	成	**高（大）**

儿王长高长大。

"高"有两种不同读音θoŋ 和θa:ŋ¹，这在一地的口语中是不存在的。说明了布麽相互传抄经书、广纳各地土语众词的策略。

（三）来源于共同的固有词，但由于迁徙、地理隔绝、社会生活发展变化等因素，原有的语义发生了变化，语义或扩大，或缩小，或迁移，或被替换，已经不是原来意义上的词义。如：

《麽荷泰》，2814 页：

卡	弟	巽	**教**	保
kha³³	no:ŋ⁵⁵	huŋ⁴⁴	**tɕau³³**	ba:n³³
杀	弟	王	**管**	村寨

杀了（兄长），弟王掌管村寨。

tɕau³³的原意是"主人、头领"，此处是名词用如动词。文山壮语的第 33 调对应台语的第 3 调，这个词在同语支的傣语里还存在，如tsau³hən²

---

① 莫柳桂：《古壮文典籍〈庅唭佈洛陀〉词汇研究》，中央民族大学，硕士论文，2010 年。

（主人）、tsau³phɛn⁵din¹（召片领）。广西壮语里则是tɕua³ 或kjau³，但只有"头"的意思。而文山壮族的"头"另用一个词，tɕau³³单指"主人、头领"。可见这个古老的同源词在民族分化、方言土语形成之后，意义发生了一定的偏移。

　　再如下面一组词：
"地域"：
巴马 10，页 429：

叩	皮	大	肛	榜
kuək⁸	pi⁴	ta:i⁶	taŋ²	**pɯəŋ²**
做	兄	长（管）	全	天下

做兄长的掌管天下。

《麼荷泰》，

仰	在	馬	晉	們
ŋa:ŋ¹¹	sai¹¹	ma⁴⁴	ko:n³³	mɯŋ⁴⁴
盼望	官	来	管理	地域

盼望土司来管理地方。

巴马 8，2478 页：

皮	里	幼	傍	佛
pi⁴	li⁴	ju⁶	**pɯəŋ²**	pat⁸
兄长	还	在	地方	神

兄长还在神仙待的地方。

《麼荷泰》，2814 页：

心	呵	必	晉	們
pi³¹	hok⁵⁵	pi³¹	kuan³³	mɯŋ⁴⁴
兄长	做	兄长	管	村寨

兄长来掌管村寨。

那坡本：

厷	當	林	里	皇
mo¹	ta:ŋ	**ram⁶**	di³	vu:ŋ²

麽诵	各自	区域		与			王

替王麽诵他们各自的疆域，

広	當	忙	里	郝	否	鲁
mo¹	ta:ŋ⁵	mi:ŋ²	di³	ha:k⁸	bou⁶	rou⁴
喃咒	各自	疆域	予	外地人	也不	知道

诅咒外地人他们的疆域，也没有人知道。

可看出它们是同源词。原意是"水渠"。壮族作为古老的稻作民族，很早就具备了开渠灌溉种植水稻的技术。故以渠道为耕作区的地界并以渠道以至河流灌区为疆域。久之"水渠"之名扩展到了地域、疆域以至城邦、国家之称。在同语族的泰语里，至今仍使用这个词作为城邦、国家的用词概念。但壮族历史上没有自己的政权，也没能形成本民族的城邦，后来的城镇也都是在汉族的屯军、移民等基础上发展而来，故这个古老词只停留在"地方、疆域"这个意义上。

（四）地理上相隔甚远的族群，使用相同、相似的方言词，透露了民族迁徙等信息。如：

"江"：

巴马 1，313 页：

隆	皐	丕	里	僯
loŋ²	niə¹	pai¹	li²	lin⁶
下	江	去	速	速

速速下江去。

巴马 10，350 页：

十	馱	甲	国	釜
ɕip⁸	ta⁶	ka:p⁷	kuək⁸	niə¹
十	河	合	为	江

十条河汇合成江。

田阳 5，808 页：

嫁	批	贩	瘟	釜
ha⁵	pai¹	pa:i⁶	ɯn⁴	niə¹
嫁	去	那边	对岸	江

嫁到江对岸那边。

东兰2，1577页：

十	女	脚	口	女
ɕip⁸	nvi¹	tɕop⁷	kuək⁸	nvi¹
十条	江	汇	成	红水河

十条江汇合成红水河，

之	本	女	爲	連
ɕi	pan²	nvi¹	vi¹	liən²
就	成	红水河	浩	瀚

就成浩瀚的红水河。

东兰2，1753页：

吊	过	五	卡	女
ti:u⁵	va:i³	ha³	ka¹	nvi¹
跳	过	五	条	红水河

跳过五条红水河。

东兰3，2186页：

之	本	汝	迷	列
ɕi⁶	pan²	nvi¹	mi²	mi²
就	成	红水河	长	长

就成长长的红水河。

百色1，1183页：

个	海	舍	个	釜
ka¹	ha:i³	jo¹	ka¹	jiə²
那个	海	扶持	那条	江

那个海扶持那条江。

田阳7，2531页：

卦	批	敗	應	釜
kva⁵	pai¹	pai⁶	uɯn⁴	jiə¹
过	去	那	边	江

过江那边去。

"江"这个形式在南部壮语里没有出现。北部壮语的"江",有时是通名,有时是专名(专指红水河)。南部壮语"江"、"河"是不分的,都用 ta^{6}这个形式。南北部壮语都用 ta^6 这个形式表示"河",但在北部壮语区的麽经抄本中,却出现了别的形式:

巴马 4,180 页:

送	去	周	妹	傍
łoŋ^5	pai^1	ɕu^1	me^6	pɯən^2
送	去	州府	大	地方

送去大州府,

送	去	良	**妹**	**淋**
łoŋ^5	pai^1	lɯən^2	**me^6**	**lam^4**
送	去	跟	大	(河)水

送去跟大河。

用 **me^6 lam^4** 来表示"河流",在壮语里是极其罕见的。我们知道,整个侗台语族的语言里,表示"水"意义的词都是一样的,而表示"河"意义的词,总共有四种形式:nam^4(或别的变体)、nam^{4}mɛ^6、ta^6、ȵia^1(或ȵa^1、nvi^1、ni^1、jiə^{1}等变体)。nam^{4}的原意是"水",引申为河流,只有黎语和傣语有这个用法,这是最古老的用法; nam^{4}mɛ^{6}存在于傣语之中,直译就是"母亲水";ta^{6}存在于壮族、布依族、傣族之中(不过傣语里却是指"渡口"),说明这个词是在原始侗台语分化之后产生的;ȵia^1(或ȵa^1、nvi^1、ni^1、jiə^{1}等变体)存在于侗、仫佬、水、毛南等语言中,北部壮语、布依族第一土语中也有这个形式,却是表达"红水河"或"大江"这个意义。可以认为,ȵia^1(或ȵa^1、nvi^1、ni^1、jiə^{1}等变体)的最初意义可能就是某条大河,后来,演变出"大江"的意义,由专名演变成通名,这种语言现象是很常见的(如汉语的"河",原指"黄河",后演变成"河流"的通名)。侗水语族如今的居住区已经远离大江,却保留着这个词,但已经变为"河流"的通名。这说明这些民族的先民曾经住在大江一带,或者曾经沿着大江迁徙,后来才到达如今的聚居区。

再回过头看巴马麽经的 **me^6 lam^4**。别的壮语区没有用这个形式表示"河流"的。而傣语用 mɛ^{6}nam^{4}或nam^{4}mɛ^6(西双版纳)和 xe^{2}lam^4(德宏)。巴马和傣族地区相距甚远,前者向后者借来这个词是不可能的。这种情况说明了:(1)巴马麽经记录了"河流"意义的最古老的形式,那时 ta^{6}还没有出现,而口头麽经已经产生,文字记载的是古老的口头麽经经文。(2)造句上的巧合，为了和前一句尾的 me⁶ pɯən²呼应。但这种说法解释不了为何用**me⁶ lam⁴**而不用**me⁶ ta⁶**。

（五）都是同源词，虽然形式不同，但它们是同义词或近义词。如"黑色"，东兰4，2303 页用 fo:n⁴，云南文山 2820 页用tam³⁵。再如：

"铁"：

东兰1，2128 页：

歐	丁	伐	馬	頂
au¹	tiŋ¹	**fa²**	ma¹	tiŋ⁵
要	钉子	铁	来	钉封

要铁钉来钉住。

《麽荷泰》，2836 页：

四	正	法	四	秋	鉄
si¹¹	tɕhim¹¹	fa⁵⁵	si¹¹	sau³⁵	lɛk⁵⁵
四	角	天	四	柱	铁

四根铁柱撑起天的四个角。

巴马11，659 页：

躺	不	眉	妹	烈
da:ŋ¹	bau⁴	mi²	me⁶	liək⁷
身	没	有	文	钱

身上没有一文钱。

"铁"这个词，**fa²**是民族固有形式，这是没有疑义的。但另一个词liək⁷是不是汉语借词值得商榷（傣语用的也是这个形式，《傣语方言研究》认为这是个汉语借词）。郭沫若《中国古代社会研究》指出："以铁来做兵器，起于化外之吴越，吴越大概是发明铁兵术最早之地。"[①] 李锦芳（2002）结合了布央、仡佬等语言材料后认为，仡央及其他侗台语的"铁"有同源关系，原始形式是一个复辅音声母*Gl-。巴马 11 的me⁶ liək⁷直接翻译就是"母铁"。用这个形式来表示"钱币"，说明曾经存在用铁来作为货币这一历史阶段。

（六）有些同源词在 A 地继承，B 地丢失或借用其他民族（主要是汉族）的语词。如：

[①] 转引自自李锦芳《侗台语言与文化》，民族出版社 2002 年版，第 279 页。

"桥":

《麼荷泰》，2862-2863 页：

橋	旦	的	啫	休
tɕɛt³³	tam¹¹	ti³¹	tɕa:ŋ³⁵	tɕhou³⁵
桥	崩	那里	中间	深渊

桥崩在深渊当中，

九	断	的	啫	肉
tɕiu⁴⁴	tak⁵⁵	ti³¹	tɕa:ŋ³⁵	zo:ŋ⁴⁴
桥	断	那里	中间	急滩

桥断在急滩当中。

　　"桥"这个词在广西各地的麼经里从字音到字形都借自汉语（字）。唯有云南文山的壮语保留了的**tɕɛt³³**的形式。**tɕɛt³³**是古老词，kiu²（或**tɕiu⁴⁴**）是后起的，从汉语借入的。《麼荷泰》用的是汉字的"桥"训读壮语的固有词，用"九"音读汉借词。固有词和汉借词并用，可以打破用词的平庸化以造成句子的呼应对仗，很多方言词就是这么得以保留下来的。

　　（七）有些方言词形式上相去甚远，但都是从共同的原始形式演变而来的。如：

　　"月亮"、"月份"在麼经里有ha:i³⁵、dɯən¹、ŋuɐt⁸三个形式，如《麼荷泰》，2875 页：

不	月	流	难	章	不	喃
po³⁵	**ha:i³⁵**	**se³⁵**	**na:ŋ³¹**	**tɕha:ŋ³⁵**	**bo¹¹**	**thum³³**
山	**月亮**	剩下	山梁	中间	不	淹

月亮山只剩下中部的山梁没有被淹。

　　巴马 3，568 页，"四月/ ɬi⁵ dɯən¹"、"五月/ dɯən¹ ŋo⁴"; 563 页，"正月 / ɕiən¹ dɯən¹"、"七月 /ɕat⁷ŋuɐt⁸"、"二月 /ŋi⁶ ŋuɐt⁸"、"三月 / ɬa:m¹ ŋuɐt⁸"。

　　巴马 11，645 页，"三脴/ɬa:m¹ dɯən¹/"三个月""、"六脴/ lok⁷ dɯən¹/六个月"，也有两个一起用的，如东兰 2，1694、1696 页"脴六月/ dɯən¹ lok⁸ ŋuɐt⁸/六月"，1738 页，"七月脴 / ɕat⁷ŋuɐt⁸dɯən¹/七月份"。

　　排除掉汉语借词ŋuɐt⁸，剩下的两个形式ha:i³⁵和dɯən¹还是看不出有共同来源。由于语料的缺乏，我们有必要引进云南文山壮话及属西南台语支的龙州壮话。龙州壮话的"月亮"也是 ha:i¹。月份则是bə:n¹。

先看bə:n¹。壮语各方言及同语支其他语言之间，有b~d的对应：

	龙州	环江	武鸣	西双版纳	泰语
花	bjɔ:k⁷	——	——	dɔ:k⁹	do:k⁹
耗（田）	ba:i¹	da:i¹	da:i¹	ba:i¹	——
胆	di¹	bwi¹	bi¹	bi¹	di²
肚脐	di¹	dəɯ¹	dɯ¹	bɯ¹	dɯ²
摘（花）	bit⁷	dat⁷	bit⁷	bit⁷	det²

由此可见龙州壮话的bə:n¹与武鸣壮语的dɯən¹、西双版纳傣语的dən¹对应。它们都来源于共同原始侗台语一个复辅音为*br/l[①]的词。*ʔbr/l > *bl，在不断发展过程中，有些语言保留了b，有些语言在流音l消失前影响了前面的b，使之变成了d。而有些语言则保留了流音部分。龙州壮话的ha:i¹和云南文山的 ha:i³⁵，更为古老，保留了原始侗台语*△ʔbr/l的流音成分的痕迹。在西双版纳傣语书面语中，h与r、l常常是可以自由变读的，这可作为龙州壮话的 ha:i¹和云南文山的 ha:i³⁵从流音演变而来的一个旁证。

（八）当物种是外来引进的时候，名称多样而不统一，这在麽经用词里也有体现。如：

"黄牛"

东兰2，1438页：

谟	卡	才	丕	地
mo¹	ka³	ɕɯ²	pai¹	ti⁶
布麽	杀	黄牛	去	坟地

布麽去坟地杀黄牛。

东兰2，1489页：

㑰	叩	糙	耳	没
ran⁶	kuək⁸	ka:i¹	rɯ²	mo²
砍	做	量米筒	耳	黄牛

砍做黄牛耳米筒（米筒的一种）。

东兰5，1848页：

---

① 李方桂在《台语比较手册》的第91页根据西南台语 d~中部台语 b~北部台语 n 的对应关系构拟出了原始台语的*ʔbl/r，本文受此启发。

欄	否	眉	十	牛	九	怀
riəŋ⁶	bau⁶	mi²	ɕip⁸	ni:u⁴	ku³	va:i²
栏圈	没	有	十（头）	黄牛	九（头）	水牛

栏圈里没有十头黄牛九头水牛。

田阳 4，2711 页：

谷	灰	谷	暠	除
kot⁷	ho:i⁵	kot⁷	tuə²	ɕie²
天性	我	天性	（是）头	黄牛

我的本性和黄牛一样。

田阳 4，2717 页：

礼	二	百	莫	懷
dai⁴	ɬo:ŋ¹	pa:k⁷	mo²	va:i²
得	二	百	黄牛	水牛

得到二百头黄牛和水牛。

《麽荷泰》，2819 页：

麽	歪	太	敵	郎	嚇	哩
mo⁴⁴	va:i⁴⁴	tha:i³⁵	di³⁵	la:ŋ³¹	hau³³	dai³⁵
黄牛	水牛	死	里面	牛栏	给	你们

把死在牛圈里的黄牛水牛分给你们。

《麽荷泰》，2839 页：

閔	散	卡	舍	卡	歪
buɯn³⁵	za:i⁴⁴	kha³³	ɕɯ⁴⁴	kha³³	va:i⁴⁴
天	蒙蒙	杀	黄牛	杀	水牛

天蒙蒙亮杀黄牛和水牛。

　　岭南黄牛系外部传来，在壮语各方言中的形式不一致，表明该物种传入之时名称的多样性。词语竞争的结果，使得用词逐渐稳固下来，但麽经里还保留着多种形式并用的痕迹。同样的词还有：

"红薯"

东兰 4，2358 页：

后	禮	次	丘	勇

hau⁴	di³	θɯ²	tɕva:u⁴	juŋ¹
稻谷	跟	红薯	混合	煮

稻谷和红薯一起煮。

东兰2，1665页：

陨	了	心	丕	落	本	字
ŋvi⁶	de:u	θin²	hau³	luək⁸	pan²	θɯ²
粒	一	弹	去	山谷	变成	红薯

有一粒火花弹到山谷变成红薯。

巴马8，2422页：

漢	王	比	造	民
ha:n³	vuəŋ²	pai¹	ɕa:u⁴	man²
漢	王	去	种	红薯

汉王去种红薯。

　　红薯也是个外来物种，广西是在明代才开始种植的。29 本麽经，有两类表示这个物种的语音形式：man²和θɯ²。man²是民族固有词，原指本地产的山薯。红薯引进后，有些地方把它和本地产的山薯视为一类，并没有另给它一个名称。一些地方则借了古平话的发音，读θɯ²（或变体）。从语音上看，这个物种传入之时，粤语没有向广西壮族地区传播。因为各地壮语中没有粤语的fa:n¹ʃy²（番薯）这个形式。宁明壮语的"红薯"是个例外，用了fan⁵ɕi²这个形式，很明显是从粤语借入的。但"薯菜（红薯的叶子）"仍用θɯ²phjak⁷ɬɯ²，后一成分ɬɯ²仍然是借的古平话。由此可见红薯引进的年代在清代以前。

　　（九）都是借用汉族的语词，但所借的词不同。

"纸"

百色3，页3014：

出	錢	子	批	俆
ɕit⁷	ɕe:n²	ɕi³	pai¹	la¹
烧	钱	纸	去	找

烧纸钱去找你，

化	馬	沙	批	助
va¹	ma⁴	ɬa¹	pai¹	ɕo⁶

| 烧 | 马 | 纸 | 去 | 跟 |

烧纸马去跟随你。

　　ɕi³ 是"纸"，这是没问题的。ɬa¹ 是汉语的"砂"或"纱"。造纸术从汉族地区传入，壮族先民学会制造的一般是土砂纸。这个例句中两个借词都同时出现，但更多的情况下是南部方言用ɕi³，北部方言用ɬa¹。

"是"

东兰 5，1847 页：

酒	啼	達	一	栢
lau³	ti²	ta⁶	hi⁶	pe:ŋ¹
酒（滴）	嘀	哒	是	凶兆

酒嘀哒下来是凶兆，

麻	七	刀	一	栢
ma¹	ɕat⁷	luuk⁸	hi⁶	pe:ŋ¹
狗（生）	七	仔	是	凶兆

狗一窝生七个崽是凶兆。

东兰 4，2375 页：

公	十	可	米	了	同	共
kok⁷	ɕi⁶	ko¹	bi¹	de:u¹	toŋ²	kuŋ⁶
树根	是	棵	橄榄	一	共	同

树根是同一棵橄榄树。

《麽荷泰》，2819 页：

地	孤	不	折	地	誇	石
zai³¹	ku⁵⁵	bo¹¹	tɕau³¹	zai³¹	kha:ŋ³³	pha³⁵
畲地	我	不	是	畲地	块	石山

我的畲地不是石山畲地。

《麽荷泰》，2815 页：

叩	叩	買	弟	棋
ki³¹	ki³¹	suu⁴⁴	no:ŋ⁵⁵	huŋ⁴⁴
跪拜	跪拜	是	弟	王

跪拜的是弟王。

　　以上词分别借自汉语的"系"、"是"。壮语判断句使用系词是晚期的事，而且大多借的是汉语。它们借入壮语是西汉以后。在此之前，壮语判断句是没有系词的，很多方言至今也还如此。[①] 云南文山麽经的系词是本民族固有词，如：

《麽荷泰》2842 页：

漫	雨	括	个	倡
mat^{44}	phan^{35}	**ka^{31}**	an^{35}	tɕha:ŋ^{11}
颗	雨	是	个	陀螺

一个雨点就是一个陀螺。

　　这里的判断词和指示词用的是同一个词，如 2843 页：

流	括	波	朗	漢	不	喃
se^{35}	**ka^{31}**	po^{35}	la:ŋ^{44}	ha:n^{11}	bo^{11}	thum^{33}
剩下	那	山	郎	汉	不	淹

剩下那座郎汉山没被淹，

流	括	叩	里	六	咀	不	喃
se^{35}	**ka^{31}**	khau^{33}	di^{35}	luk^{44}	tɕau^{55}	bo^{11}	thum^{33}
剩下	那	稻米	好的	六	诏	不	淹

剩下那六诏好稻米没被淹。

　　汉语的判断词"是"也是从指示词演变而来。这里边的类型学上的演变机制，尚需深入比较分析。

"像"

田阳 3，738 页：

鲌	塘	砦	樣	蚁
tɕa^1	**tam^2**	**ɕe^6**	**jiəŋ^6**	**ja:u^6**
鱼	塘	繁殖	像	虾子（多）

鱼在池塘里繁殖像虾子那样多。

---

① 韦景云、覃晓航：《壮语通论》，中央民族大学出版社，第 244 页。

田阳5，798页：

鸦	唔	慈	槑	闩
a⁴	pa:k⁷	ɬɯ²	lam⁶	bɯn¹
开	口	像	遮	天

嘴张大可以遮天，

哈	鬿	當	则	忉
hap⁷	fan²	ta:ŋ¹	ke:u⁴	lit⁷
咬	牙	如	嚼	冰

咬牙切齿像嚼冰。

东兰2，1516页：

亦	月	当	糖	崔
hi⁵	jiən²	ta:ŋ⁵	tɯəŋ²	juəi¹
气	味	似	糖	蜂蜜

气味像蜂蜜。

东兰1，2110页：

温	碍	行	更	叟
van³	ŋa:i²	ha:ŋ⁶	ko¹	θau¹
团	饭	像	根	柱子

饭团像柱子。

jiəŋ⁶、ɬɯ²、ta:ŋ¹、ha:ŋ⁶分别借自汉语的"样"、"似"、"当"、"像"。

表"像、似"的固有词有lum³、pan²、diu³⁵、dai³等。如：

《麽荷泰》，2807页：

身	竹	尔	叭	鬼
da:ŋ³⁵	tɕu⁵⁵	diu³⁵	pɛt¹¹	koi³³
身体	就	像	附着	芭蕉蕾

身体就像附着芭蕉蕾一样。

东兰3，2188页：

叭	累	叭	圡	犸
pa:k⁷	dai³	pa:k⁷	tu²	ma¹
嘴巴	像	嘴巴	只	狗

嘴巴像狗嘴。

　　东兰3的"像"和表示"得到、获得"的dai³同音，这是类推作用的结果。因为表示"变成"、"成为"义的"**pan²**"，在壮语里也可以通过暗喻表达"像"义，如：

利	成	劲	甫	郝
di¹	pan²	luɯk⁸	pu⁴	ha:k⁷
好	像	儿	人	官

好得像汉人的孩子，

央	成	劲	甫	農
a:ŋ⁵	pan²	luɯk⁸	pu⁴	noŋ²
乐	像	儿	人	侬

快乐得像侬人的孩子。

　　"得到、获得"词义的相宜引申出"成为"，再通过类推作用，也用来表达"像"义。但壮语口语里没有用 dai³ 来表达比喻义的，dai³表示 "像"，是麽经的用法。

　　（十）都是民族固有词，多样的形式是语义表达的丰富性的体现。如："小"

东兰5，1847页：

怒	**侫**	托	江	蘭	一	魄
nu¹	**ʔniŋ⁵**	tok⁷	tɕa:ŋ¹	ra:n²	hi⁶	pe:ŋ¹
老鼠	小	落	中间	屋	是	凶兆

小老鼠落在屋中间是凶兆。

东兰1，2117页：

甲	尼	**侫**	尼	扭
tɕa⁴	li⁴	**ʔniŋ⁵**	li⁴	no:m³
孤儿	还	小	还	**幼**

孤儿还年幼。

巴马8，2483页：

里	内	不	嚣	岩
li⁴	**no:i⁴**	bau⁴	lo⁴	ŋa:m²

还	小	不	知	错

还年幼不知道什么是错，

里	狼	不	曾	仅
li⁴	la:ŋ²	bau⁴	lo⁴	ŋi⁶
还	年幼	不	懂	礼仪

还年幼不懂礼仪。

"看"

巴马 10，368 页：

七	眈	王	批	吷
ɕat⁷	hat⁷	vuəŋ²	pai¹	jam⁵
七	早	王	去	看

第七个早上王去看。

东兰 1，2113 页：

啼	内	龍	眉	酒
ti⁶	daɯ¹	ro:k⁸	mi²	lau³
看	里面	房	有	酒

看到屋里有酒。

叩	喇	眉	眉	怀
kau³	la³	riəŋ⁶	mi²	va:i²
看	下面	栏圈	有	水牛

看到栏圈下面有水牛。

东兰 3，2184 页：

卜	黄	三	早	到	丕	以
pu⁴	vuəŋ²	θa:m¹	hat⁷	ta:u⁵	pai¹	ʔjɯ³
那个	王	三	早上	回去	去	瞧

那个王第三个早上回去瞧，

九	早	到	丕	累
ku³	hat⁷	ta:u⁵	pai¹	lai⁵
九	早上	到	丕	看

第九个早上回去看。

百色 3，3006 页：

鸦	鲁	法	塘	降
a^1	lo^4	fa^2	tam^2	tɕa:ŋ^5
乌鸦	看	见	塘	深渊

乌鸦看见深塘。

百色 3，3006 页：

昗	甫	貌	力	娋
ŋo :n^2	pu^4	ba :u^5	luɯk^8	ɬa:u^1
观看	那个	小伙子	那个	姑娘

观看小伙子和姑娘。

"锯"

田阳 5，802 页：

請	尚	妹	大	皆
ɕiŋ^3	ɕa:ŋ^6	mai^4	la^3	ka:i
请	匠	木	锯	木板

请木匠锯木板。

东兰 4，2321 页：

十	得	更	丕	嘎
ɕi^6	tɯ^2	kat^7	pai^1	ha^6
就	拿	锯子	去	锯

就拿锯子去锯，

十	得	沙	丕	本
ɕi^6	tɯ^2	θva^5	pai^1	pan^1
就	拿	大锯	去	分解

就拿大锯去分割。

那坡本，2926 页：

造	换	樕	乞	条
tsou^4	ron^2	mai^4	hat^7	teu^2
于是	锯	木头	做成	条状

于是把木头锯成条状。

　　（十一）都是固有词，使用频率不同，表明这些词在语言使用的竞争中，在各方言之间形成了词的价值差异。如：

"牙齿"

巴马1，313页：

伸	孟	考	条	沙
ɬan^3	mɯɯm^6	ka:u^6	ti:u^2	ɕa:k^8
（一）	根	须	像	条	绳子

一根胡须就像绳子那么粗，

伸	朽	考	文	劳
ɬan^3	**he:u^3**	ka:u^6	**fan^2**	la:u^5
（一）	牙	像	齿	耙

一颗牙齿就像耙子的锯齿一样大。

田阳5，799页：

哈	鼀	当	则	劦
hap^7	**fan^2**	**ta:ŋ^1**	**ke:u^4**	**lit^7**
咬	牙	如	嚼	冰

咬牙切齿像嚼冰块似的。

东兰4，2365页：

蓝	否	腰	非	發
ra:n^2	bau^6	ja:u^5	**fan^2**	fa^2
家	没	耙	齿	铁

家里没有铁齿耙。

《麼荷泰》，2851页：

兒	朗	反	不	秋
luk^{31}	zaŋ^{35}	**fan^{44}**	bo^{11}	thiu^{33}
儿	为何	牙齿	不	露

孩子为何不露出牙齿。

百色1，1138页：

不	如	咱	合	文
bau^5	ji^2	pa:k^7	hap^8	**fan^2**

不	如	嘴	咬	牙

不如嘴咬牙。

巴马3，471页：

哈	文	器	喇	銮
hap[8]	**fan**[2]	**he:u**[3]	**di**[1]	**ba:n**[6]
咬	牙	牙	要	崩

咬牙牙要崩。

　　"牙齿"一词用的都是民族固有词，但使用频率各不相同。使用**he:u**[3]的土语点比较多，有些方言土语则是两种形式并用。可以推测这两个词起初分别代表"牙齿"的不同细类，但随着思维的发展，一种概括的趋势使得它们不再有区别，最终用一种形式来表达就足够了。较长时间内两个形式并用的情况，表明它们还处在竞争之中。这种竞争力，由于方言的支撑而得以保存下来。

　　词汇是语言中最活跃、文化承载量最大的部分。自它产生的那一刻起，就包含了丰富的文化信息。它是社会生活的变化和语言系统的演变共同作用的结果，是确定性与随机性合成的一种运动体系。壮语的方言词，有的是语言系统本身演化的结果，有的是文化接触带来的结果，还有一些是偶然因素造成的，无法用简单的对应规律来解释。语言不断分化，通过现实的语言追溯某个原始母语，得到的这个"初始条件"也只是个"历史公分母"，不是精确给定的。因此上述方言词的分类，只是对其进行了粗略的分析。但众多的偶然性造成必然性，演变过程中的规律性还是可循的。语言演变过程中存在着不平衡性，这表现在各语言点的语言材料对应的参差中。这种非线性运动强烈到一定程度，就出现了分叉。在各个分叉上，原有的共同母语或简化，或偏移，或转变，层层演化，又不断受到汉语借词的影响，于是就有了后代方言词面貌的多样纷呈。

　　词汇是语言诸要素中最活跃的，方言词汇同样有其反映社会的功能。因此，通过研究麽经抄本方言词汇，可以了解壮族地区的政治、经济、历史、文化以及民俗等多方面的情况。一些研究成果可以为壮语方言词典的编纂和壮语方言词汇的理论研究提供参考，此外，对于壮语方言土语间的接触、壮语方言和汉语言的接触等方面的研究也具有一定的意义。

第三节　量词

　　壮语的量词起到标记名词的作用。与别的分析性语言一样，名词失去性、数、格等标记后需要增加新的羡余信息作为补偿，这是量词产生的机制。量词与名词关系密切，最初的量词多来自于名词。名词语法化成量词后，其意义比名词意义更抽象，最终成为具有完全意义的量词。

　　一般认为侗台语量词产生和发展的时间较晚，因此有一部分量词的语法化程度很低，还含有比较实在的名词义，从量词的语义上就知道它所结合的名词的属性。如me⁶，原义指中老年妇女，后来演变成量词，可以指人，也可以指物，这些事物因此带上了"阴性"、"大的"等义素。如me⁶ na²（田）、me⁶ liək⁷（铁）等。《译注》有很多地方把me⁶译成"大的"，如：

巴马 4，180 页：

送	去	周	妹	傍
łoŋ⁵	pai¹	ɕu¹	me⁶	puɯəŋ²
送	去	州府	大	地方

送去大州府，

送	去	良	妹	淋
łoŋ⁵	pai¹	luɯəŋ²	**me⁶**	**lam⁴**
送	去	跟	大	（河）水

送去跟大河。

巴马 9，19 页：

造	双	妹	蟑	黎
ɕa:u⁴	ło:ŋ¹	me⁶	ne:ŋ²	jai¹
造	两（只）	大的	螺	蜂

造两只大螺蜂。

造	双	妹	蟑	蝗
ɕa:u	ło:ŋ¹	**me⁶**	ne:ŋ²	ɕo:ŋ²
造	两（只）	大的	蛴	螂

造两只大蛴螂。

东兰 3，2167 页：

丁	的	吞	迷	粘
tin¹	**te¹**	**tam¹**	**me⁶**	**hau⁴**
脚	她	舂	大	稻谷

她的脚舂大稻谷。

　　这些句子的me⁶与其说是形容词，不如说是量词。因为按照壮语的语序，形容词应该放在中心语之后。而这里放在中心语前，显然是遵循"量＋名"的语序。me⁶作量词，但还有"大"的意义，以女人为大，这是妇女在社会生活中地位较高的体现。

　　如果说上文的me⁶作为量词还不明显，那以下就是"数＋量＋名"结构的句子：

巴马1，290页：

十	妹	怀	角	恶	古	馬
çip⁸	**me⁶**	**va:i²**	**kau¹**	**a⁴**	**ko³**	**ma¹**
十	头	牛	牛角	叉开	也	来

十头角叉开的牛也来，

五	妹	怀	角	班	古	馬
ha³	**me⁶**	**va:i²**	**kau¹**	**pa:n²**	**ko³**	**ma¹**
五	头	牛	牛角	斜	也	回

五头角歪斜的牛也来。

　　由此可见me⁶虽然已经充当了量词，但名词、形容词的意义还是很明显。这里边的演化不是杂乱随意的，语义的相近性、相宜性是基础。

　　量词基本上对名词有一定的选择性，越是早期的量词选择性越强，因为较长时间的发展使得这些量词也像其他词类一样走概括的道路，如tu¹（或别的变体），原只选择动物类名词，后来扩展到鬼，如：

巴马1，254页：

萬	的	鬾	布	造
fa:n⁶	**tuə²**	**fa:ŋ²**	**pau⁵**	**ça:u⁴**
万	只	鬼	祖公	造

祖公造出万只鬼。

　　观念中认为鬼与动物相似，所以使用了表示动物的量词。再后来，认为人类的婴幼儿也和动物相似，这个量词又扩展到小孩子，如：

《麼荷泰》，2809 页：

生	得	門	兒	渡
sɯn³⁵	dai³³	tu³⁵	luk³¹	du¹¹
生	得	个	儿	初（第一）

生出第一个孩子。

越是晚期产生的量词选择性越弱，这与它们较晚脱胎于名词有直接的关系。如：

《麼荷泰》，2837 页：

者	孺	交	十	二	花	湯	温
tɕɯ⁴⁴	du¹¹	tɕa:u³¹	sip⁴⁴	ŋi³¹	va³¹	thaŋ³⁵	van⁴⁴
古	时	造有	十	二	朵	太	阳

古时造有十二个太阳。

va³¹直接脱胎于汉语的"花"，这个词的借入是相当晚的。这个词充当量词，在麼经里只发现和"太阳"结合的形式。

这些都只是在词汇层面对量词进行的分析。在"语法"这一章还将对量词进行论述。

第四节　临摹词

麼经有大量的临摹词，大抵可分为拟声、描状两大类。拟声类如下：

田阳 3，734 页：

糇	山	講	之	作
hau⁴	ła:n¹	ka:ŋ³	ɕi⁴	ɕa:k⁸
稻	米	讲话	叽	叽

稻米讲话叽叽。

糇	各	講	之	朝
hau⁴	ła:n¹	ka:ŋ³	ɕi⁴	ɕa:k⁸
稻	谷	讲话	喳	喳

稻谷讲话喳喳。

描状的，包括描摹形状、描摹色彩、描摹情状等，如：

巴马 3，440 页：

召	貫	霌	篤	溏	茶	耳
çi:u⁶	ko:n⁵	buɯn¹	tok⁷	tam⁵	ça²	luɯ²
从	前	天	落	低	沉	沉

从前天低沉沉的。

把意义和形式结合起来再进一步分析，麽经的临摹词又可以分成以下几大类：

（一）表示"生动印象"的完全重叠。这和古汉语文献中存在着大量的状物绘景的所谓"重言"（即完全重叠）有相似之处。完全重叠表示"生动印象"——这不是一个可以严格限定的意义，而只能依上下文而定。如：
巴马1，312页：

淋	就	强	里	列
lam⁴	ça:u⁴	kuɯəŋ⁶	li²	li²
水	就	流下	哗	哗

水就哗哗地流下。

那坡本，2913页：

入	入	執	枯	沙	帮	駄
jep⁸	jep⁸	tsap⁸	ko¹	sa¹	paŋ⁶	ta⁶
翩	翩	栖在	那棵	沙树	对岸	河

鸟翩然栖在河对岸那棵沙树上。

东兰2，1471页：

棑	非	晚	勿	勿
pja:i¹	fai⁴	va:n³	fuɯ²	f uɯ²
尾梢	树	晃动	呼	呼

树梢呼呼地晃动。

有些词的基式有一定意思，如 fuɯ²，来源于 fuɯt⁸fuɯ²，指某一种风，fuɯ² fuɯ²形容风吹的样子。这样的意思固然有一定道理，但必须承认其中有随意性，有些词只是模拟声音，久之带上了"寄生"的意义，这些意义在本民族的人看来是自然而然的，如此一来，根据双音形式的意思推想其单音节基式有时候就会变得相当困难。

（二）在前一个实词基础上，保留声母，韵母稍加变换生成的临摹词。如：
巴马10，339页：

蟑	黎	鲁	吃	弓
ne:ŋ²	jai¹	lo⁴	**kat⁷**	**kuk⁷**
螺蜂	蜂	会	噬咬	叽叽

螺蜂会叽叽地噬咬，

蟑	虫	鲁	吃	見
ne:ŋ²	ɕuŋ²	lo⁴	**kat⁷**	**ke: t⁷**
拱屎	虫	会	噬咬	喳喳

拱屎会喳喳地噬咬。

巴马 11，622 页：

十	字	汋	壬	儀	佈	斗
ɕi⁶	ɬɯ¹	**ȵai⁴**	**ȵap⁸**	**ȵui⁵**	pau⁵	tau³
个个	字	细	小	小	祖公	来

个个字都细小小，祖公来了。

巴马 10，431 页：

除	字	力	墜	蕊	布	斗
ɕi⁶	ɬɯ¹	**ȵai⁴**	**ȵap⁸**	**ȵui⁵**	pau⁵	tau⁵
个个	字	小	细	细	祖公	来

个个字都细小小，祖公来了。

（三）两个音节声母相同，两个韵母则以[开音节]/[闭音节]或[高元音]/[低元音]或[前元音]/[后元音]的形式相互对立。如巴马 3，450 页，"逻以壬 /da⁶ ȵi⁶ȵam⁶/骂喋喋"、"溏以英/tam¹ ȵi⁶nin⁶/冲撞连连"，巴马 3，467 页，"耗地坅/ha:u⁵ ti⁶ ta:n²/"议论纷纷"、"刊地壋/ha:u⁵ ti⁶ ta:t⁸/叫喊连连"。这样的例句不胜枚举：

田阳 5，822 页：

闌	慕	貧	色	站
la:n²	mo⁵	pan²	**tɕak⁸**	**tɕa:n²**
房	新	建成	高	高

新房子建成高高的，

闌	干	貧	册	総
la:n²	ka:n¹	pan²	**tɕak⁸**	**tɕuŋ⁶**

房	干	立成	**排**	**排**

房子立成一排排。

懇	闌	新	只	札
huɯn³	la:n²	mo⁵	**ɕi²**	**ɕa²**
上	房	新	灿	灿

走上新灿灿的房子，

口	闌	花	利	陋
hau³	la:n²	va¹	**li⁶**	**lau⁶**
进	房子	花	纷	纷

走进花纷纷的房子。

巴马 10，417 页：

聆	皆	信	的	凸
ham⁶	ka:i³	ɬin⁵	**ti⁴**	**tuk⁸**
晚上	别	相信	迷	迷

晚上别痴信，

耽	皆	信	的	沃
hat⁷	ka:i³	ɬin⁵	**ti⁴**	**tiən²**
早上	别	相信	连	连

早上别深信。

　　这些临摹词的使用带来了"重复"、"程度加深"的意义。有些则纯粹是拟声，如：

巴马 1，312 页：

lam⁴	**kva⁵**	**tau³**	**li²**	**la:ŋ⁶**
淋	卦	斗	里	浪
水	过	来	啦	啦

水哗哗地流过来。

巴马 10，339 页：

咟	他	吃	也	髮
pa:k⁷	te¹	kat⁷	fi²	fa²

嘴巴　　　它　　　　咬　　　　叽　　　喳（响）

它的嘴巴叽喳不停地咬。

　　（四）大多数临摹词放在句末，因此有一部分的临摹词和下一个句子的
临摹词构成[开音节]/[闭音节]的形式相互对立。如：

巴马1，313页：

隆　　　　　海　　　　丕　　　　里　　　　列
loŋ²　　**ha:i³**　　**pai¹**　　**li²**　　**le²**
下　　　　　海　　　　去　　　　匆　　　　匆

匆匆流到海里，

隆　　　　　㫔　　　　丕　　　　里　　　　僯
loŋ²　　**niə¹**　　**pai¹**　　**li²**　　**lin⁶**
下　　　　　江　　　　去　　　　速　　　　速

速速流到江里。

巴马10，367页：

膥　　　　　王　　　　啥　　　　个　　　　厘
tap⁷　　**vuəŋ²**　　**ham²**　　**ka²**　　**li⁶**
肝　　　　　王　　　　恨　　　　连　　　　连

王悔恨连连，

备　　　　　王　　　　啥　　　　个　　　　憐
bi¹　　**vuəŋ²**　　**ham²**　　**ka²**　　**lin⁶**
胆　　　　　王　　　　恨　　　　凄　　　　凄

王悔恨凄凄。

东兰2，1732页：

之　　　　　本　　　　土丘　　　　卡　　　　矣
ɕi⁶　　**pan²**　　**tɕau³**　　**ka⁶**　　**ŋi²**
就　　　　　长成　　　　头　　　　昂　　　　昂

就长成高昂的头，

之　　　　　本　　　　丁　　　　克　　　　㖦
ɕi⁶　　**pan²**　　**tin¹**　　**ka⁶**　　**ŋa:ŋ⁶**
就　　　　　长成　　　　脚　　　　挺　　　　挺

就长成硬挺的脚。

1752 页

卜	了	奴	已	九
pu⁴	de:u¹	nau²	tɕi²	tɕe:u¹
人	一（个）	说	喳	喳

一个人说喳喳，

卜	了	號	记	今
pu⁴	de:u¹	he:u⁶	tɕi⁵	tɕin²
人	一（个）	叫	嚷	嚷

一个人嚷嚷叫。

　　（五）表示"生动"意义的顺向重叠——第一音节有很大的随意性，而第二音节总是以流音作为声母。如巴马 3，480 页，"冂大鲁/ dɯei¹ ta² lu⁶ /孤单单"、"冇大劳/ tɕu⁵ ta² la:u²/独零零"巴马 3，501 页，"灵里列/ le:ŋ⁴ li⁶ le⁶ /干旱连连"、"眹里憐/ dit⁷ li⁶ lin⁶/晴朗朗"。例句有：

巴马 3，459 页：

父	造	淋	達	賴
po⁶	ɕa:u⁴	lam⁴	ta²	la:i¹
父	就	倒下	软	绵绵

父亲就软绵绵地倒下，

父	造	毫	達	辣
po⁶	ɕa:u⁴	ta:i¹	ta²	la:t⁸
父	就	死	硬	条条

父亲就硬条条地死过去。

巴马 3，474 页：

明	闭	冇	大	刘
mɯŋ²	pai¹	dɯei¹	ta²	lau⁶
你	去	空（手）	悠	悠

你空着手去，

能	到	冇	大	劳
naŋ⁵	ta:u⁵	dɯei¹	ta²	la:u²
也	回来	空（手）	溜	溜

也空着手回来。

巴马 3，525 页：

王	造	笑	巴	即
vuəŋ²	ɕa:u⁴	li:u¹	pa²	ɬi⁶
王	才	笑	眯	眯

王才笑眯眯，

王	造	米	巴	木妾
vuəŋ²	ɕa:u⁴	mi⁴	pa²	ɬiək⁸
王	就	乐	滋	滋

王就乐滋滋。

（六）布麽为了适应麽经的韵文格律的需要而自创的临摹词。如：

巴马 3，440 页：

召	貫	霄	篤	溏	茶	耳
çi:u⁶	ko:n⁵	bɯn¹	tok⁷	tam⁵	ɕa²	lɯ²
从	前	天	落	低	沉	沉

从前天低沉沉，

斌	篤	溏	妣	立
fɯə³	tok⁷	tam⁵	pa²	lap⁸
云	落	低	沉	沉

云低沉沉，

憑	入	霄	喇	礼
fɯŋ²	jap⁷	bɯn¹	di¹	dai⁴
手	摸	天	将要	得

手就差点碰着天了。

巴马 11，639 页：

双	甫	谷	巳	求
ɬo:ŋ¹	pu⁴	kot⁷	ki⁶	kau²
两	人	刨	沙	沙

两人沙沙地刨，

双	甫	娄	巳	敬

ɬoːŋ¹	pu⁴	lau¹	ki⁶	kiŋ⁶
两	人	削	丁	冬

两人叮叮地削。

　　麽经一般的押头脚韵和腰脚韵。巴马3 的例句，因为第二句的首字是 fɯə³，为了和它押韵，上一句的句末用lɯ²，这是押的头脚韵；第三句的句中有 jap⁷，为了和它押韵，第二句的句末用 lap⁸，这是押的腰脚韵。因此就有了 ça² lɯ²、pa² lap⁸这些临摹词。巴马 11 的例句，第一句的临摹词，是在前一个动词kot⁷ 的基础上，保留声母，韵母稍加变换生成的临摹词，为了和第二句中的 lau¹押腰脚韵，第一句句末用了 kau²。又为了和第一句末的临摹词构成[开音节]/[闭音节]的形式呼应，第二句末的临摹词用了 ki⁶ kiŋ⁶。这些都是为了押韵需要而造出的临摹词。

　　总之，从意义上看，麽经的临摹词是为了更好地描摹事物的性质、状态而采用的修辞手段，从形式上看，麽经的临摹词是语音和形态相互作用而引发的。麽经临摹词很好的体现了语言符号随意性与理据性相统一的特性。如果说麽经的文化词、方言词等的变化发展更多地受语言外部因素的影响（如语言交流产生的借贷、历史文化甚至是政治的影响、移民、交通的影响等），那么临摹词的运用发展变化则更多的是在语言自身系统内整合发展变化的产物。

　　对词汇的研究不仅是词汇学的本体研究，它还涉及其他相关学科知识的应用，如文化语言学、社会语言学等。对麽经抄本的词汇进行深入分析解读，能突破现代壮语口语资料的有限性，丰富壮语的词汇理论，有利于语言学相关学科的发展。同时，文化决定语言，语言反映文化，词汇作为语言中最活泼、最具生命力且最能体现时代和社会变化的一个因素，更能反映出该民族文化的独特魅力和内涵。人类语言有其共通性，语言的普遍性比差异更能体现语言的本质，据统计所有语言中有大约 90%的基本结构非常相似，而余下的 10%正体现了语言的丰富多彩和文化的多样性。这种多样性在词汇上表现得尤为突出。"在词语身上，语言的民族性表现得最为突出，它所具有的人类语言的共性也最薄弱。"①不同的民族在不同的生存环境下建立了自己的文化体系。因此，通过对麽经抄本词汇的解读，我们可触及久远年代的凝重沉淀，窥见一个民族绚丽多彩的文化形态，理解词汇所承载的深层含义。

---

① 苏新春《当代中国词汇学》，广东教育出版社 1995 年版，第 52 页。

第四章　麽经的特殊语法现象

语法包括词法和句法，本文所说的麽经的特殊语法现象是指：（1）反映了壮语本身特有的、与现代汉语语法不同的语法现象；（2）是指麽经本身特有的、与现代壮语语法及一般语法规则不同的语法现象。后一种特殊语法现象，可能是出于文体需要，也有可能是麽经保留的古代壮语的语法形式。

壮民族有对歌的传统，遇事即歌，以歌述志，以歌传情，这是一种诗性交流，有着广泛的群众基础。歌词随编随唱，内容非常广泛，包括天文地理、历史政治、神话传说、岁时农事、社会生活、伦理道德等各个方面，几乎无事不歌。歌词大都押韵，赋、比、兴的艺术手法经常交替运用，是生活语言的高度提炼，同时又不能过于求雅求古，否则会给口头交流带来障碍。从这个意义上说，壮族的诗歌体和口语体是非常接近的，没有那种两者间离很大的情况。周国炎（1995）在考察了布依族摩经后认为，在句法形式上，各地摩经的句法与当地布依语口语的句法基本相同。为适应韵文的格律，如押韵、对偶、排比等，有些句子在语序上作了适当的调整，与口语表达形式略有差异，但这种情况在各地经文中并不多见。摩经语言与现代布依语口语的差异主要体现在词汇上。[①]这种情况也适用于壮族麽经。黄伦生（2006）指出《译注》收录的 29 个抄本中，所有已冠以名目的篇章，被称为"诗"或"歌"的几乎没有。这表明，这样一种讲述以往历史传说，以通神灵、悦鬼魂为主要目的的文体，并没有被能歌善舞的壮族认同为以人间传情表意为功用的"诗"或"歌"。基本上，《布洛陀》文本保持了口头叙事的风格。[②]麽经文本作为口头承传的韵文体的文字形式，和口语有着密切的联系，这是我们得以把它作为研究壮语语法的语料的前提。

另一方面，麽经作为一种韵文体，毕竟不能等同于口语。它本身具有的一些文体特色，除了用词的差异外，麽经和口语的区别，粗略来看，主

---

① 周国炎：《布依族摩经古词研究》，《贵州民族研究》1995 年 4 月第 2 期（总第 62 期）。

② 黄伦生：《〈布洛陀〉与民间文化叙事》，《民间文化论坛》2006 年第 1 期。

要表现在以下几个方面：

1. 麽经极少有跨句，一行经文表达一个完整的意思。

2. 麽经中动词的时态的变化很少，也就是说，动作或事件在时间过程中的情状结构表现不明显。

3. 麽经极少使用连接词。

4. 较少使用语气词，但为了补足音节，会动用到语气词、动词、形容词的重叠形式等，而这些重叠形式在口语中不常用到。

麽经作为一种韵文体书面语，一些特殊语法现象其实是出于行文需要，这就要求我们把麽经的语法和现代壮语作比较。如果在现代壮语中存在这些特殊语法现象，可认为麽经中的这些词句不是文体需要的产物；如果在壮语里不存在，则可断定这是麽经特有的语法现象，也许是较古老的语法形式的遗存。

第一节　麽经的特殊词类现象

一、名词直接跟数词结合

现代壮语①中，一些表示时间、身体部位、称谓的名词可以直接跟数词结合而不用量词的帮助。如时间名词直接跟数词结合：

kau¹	ma¹	ran²	dai³	sa:m¹	dɯən¹	lo¹
我	回	家	得	三	月	了

我回家已经三个月了。

这种表达方式在麽经里占主流。但也有数词＋量词+时间名词这样的用法：

那坡本，2891 页：

个	△	襷	己	十	恩	鈝
ko⁵	△	dai³	ki³	sup⁷	an²	pei¹
也都	△	已得	几	十	个	年

也都几十个年头了。

如果说数词和名词间加一个量词**an²**是为了凑够字数形成完整的七言

---

① 现代壮语的例句来源于《壮侗语族文学资料集》、覃晓航《壮语特殊语法现象研究》、《壮语通论》和郑贻青《靖西壮语研究》。原为拉丁壮文的转写为国际音标。

句，这似乎也说不过去，因为同一页还有这样的句子：

你	△	橺	十	恩	牌
ni¹	△	dai³	**sup⁷**	**an²**	**pei¹**
现	△	已得	十	个	年

现已经十个年头了。

这个句子按理说可以去掉中间的量词以凑成一个常见的五言句，但量词还是保留在句中。这只能解释为在类推原则影响下产生的结果。

现代壮语还有称谓名词直接跟数词结合的情况：

pai⁶	nei⁴	mi²	**sa:m¹**	**ba:u⁵**,	pai⁶	te¹	mi²	**ha⁵**	**sa:u¹**
边	这	有	三	青年	边	那	有	五	姑娘

这边有三个小伙子，那边有五个姑娘。

这种用法在麽经里也有表现，如：

百色3，2966页：

三	十	哨	卦	芘
ɬa:m¹	**ɕip⁸**	**ɬa:u¹**	kva¹	bak⁷
三	十	姑娘	捞	网

三十个姑娘捞网，

七	十	哨	德	蚁
ɕat⁷	**ɕip⁸**	**ɬa:u¹**	tak⁷	ja:u⁶
七	十	姑娘	捞	虾

七十个姑娘捞虾。

麽经里还有别的名词和数词直接结合的情况，如：

东兰2，1776页：

旵	三	漏	四	诺
ŋon²	**θa:m¹**	**lau³**	**θi⁵**	**no⁶**
每天	三	（碗）酒	四	（碗）肉

每天三碗酒四碗肉。

巴马11，641页：

丕	朝	四	班	忑

pai¹	ɕi:u¹	ɬi⁵	ba:n⁴	la³
去	招呼	四	村子	下方

去招呼下面的四个村子，

丕	朝	五	班	忐
pai¹	ɕi:u¹	ha³	ba:n⁴	kɯn²
去	喊	五	村子	上方

去喊上方的五个村子。

句中不用量词，也许是为了句式的整齐而采用了省略量词的手段，也许是量词没有产生的时期的句子。

二、动词直接和数词结合

现代壮语里有动词直接和数词结合的情况，如：

kai⁵	na²	nei⁴	ra:u⁵	ŋei⁶	lo
块	田	这	耙	二	了

这块田耙过两次了。

kai⁵	poŋ²	te¹	ɕa:i⁵	sei⁵	lo
块	泥	那	踩	四	了

那块泥地已踩了第四遍了。

这些直接和数词结合的动词，都是那些表示农事行为的动词，如"耙"、"耘"、"犁"、"踩"、"舂"等。数词放在谓语的后面，表示动作的反复多次。壮语的动量词不是很发达，表示"遍、次、下"的量词，各方言土语间不是很统一。农事动词产生很早，后面直接结合数词，也许是动量词还没出现的产物。

麽经里动词直接和数词结合的例句还有：

东兰 2，1777 页：

旼	卡	三	卡	四
ŋon²	ka³	θa:m¹	ka³	θi⁵
每天	杀	三（牲）	杀	四（牲）

每天杀三四头牲口。

百色 5，3050 页：

昙	殆	双	殆	三
ŋon²	ta:i¹	ɬo:ŋ¹	ta:i¹	sa:m¹
每日	死	二（人）	死	三（人）

每天死两三个人，

昙	殆	三	殆	四
ŋon²	ta:i¹	ɬa:m¹	ta:i¹	ɬi⁵
每日	死	三（人）	死	四（人）

每天死三四个人。

田阳 7，2511 页：

武	喥	三	喥	四
ɕie⁴	ça:m¹	ɬa:m¹	ça:m¹	ɬi⁵
别人	求	三	求	四

别人三番五次地求婚。

这些动词和农事行为无关，现代口语里也没有这样的表达方式。这也只有两种可能：韵文体的需要，省略量词；是名量词、动量词还没产生的表现。

三、名词单独作状语

现代壮语里，由名词和其他词结合起来共同构成状语的现象已经成为主流①，但名词单独作状语的也不乏其例，如：

tu²	ma¹	nei⁴	rep⁸	çɔu⁴	dai⁵
只	狗	这	小竹笼	装	得

这只狗用小竹笼装得下。

te¹	lap⁷	tau²	ra:u⁵
他	天黑	耙	田

他在天黑时耙田。

现代壮语里名词单独作状语的，大多是方式状语和时间状语，而且使用频率不高，大多已经被介词短语所取代。方式状语的用"au¹＋名词"来

---

① 覃晓航：《状语特殊语法现象研究》，民族出版社 1995 年版，第 18 页。

表达，时间状语的用"ju⁵＋时间名词"来表达。

麽经里名词直接作状语的则相对普遍。除了和名词直接作方式状语和时间状语以外，还有以下几类：

（一）名词直接作地点状语：

巴马9，77页：

籠	度	得	逻	架
loŋ¹	to⁴	tɯk⁷	la³	tɕa⁵
错	互相	打架	（在）下面	烘篮

不应该在烘篮下面打架，

籠	度	羅	烌	徽
loŋ¹	to⁴	da⁶	he:n²	fi²
错	互相	吵架	（在）旁边	火（堂）

不应该在火堂旁边吵架，

籠	能	橙	那	隆
loŋ¹	naŋ⁶	taŋ⁵	na³	luŋ²
错	坐	凳	（在）面前	大伯

不应该在大伯面前的凳子上坐，

籠	恼	躲	倻	布
loŋ¹	huŋ¹	da:ŋ¹	na³	pau⁵
错	大（肚）	身	（在）面前	家公

不应该怀孕的时候腆着大肚子站在公公面前，

籠	巾	漂	弄	禄
loŋ¹	kɯn¹	pe:u¹	luəŋ⁵	lo:k⁸
错	吃	饭	（在）开间	外面

不应该在屋子外间吃饭，

堉	木	倻	布	妚
ɬaŋ⁵	muk⁸	na³	pau⁵	ja⁶
擤	鼻涕	（在）面前	公	婆

不应该在公婆面前擤鼻涕。

（二）名词直接作原因状语：

百色2，1335页：

甫	殆	贼	殆	駄
pu⁴	ta:i¹	ɕak⁸	ta:i¹	ta⁶
人	死（于）	刀枪	死（于）	河水

人死于刀枪，死于河水。

名词直接作状语在语法发展过程中具有特殊的地位，是语法发展的阶段性标志。麽经保留了大量这样的句子，这对没有文献记载的语言来说是一个很重要的语料补充。

四、量词的特殊用法

在汉语普通话里，"量词+名词"结构实际上是"一+量词+名词"的省略形式，它们一般不出现在主语位置和定语位置，因此不能表示通指，"连"字句这种强调句除外。但壮语里"量词+名词"可以单独出现在主语、宾语、定语位置，这时它可能表示"一+量词+名词"，是非通指用法；也可能表示一类，属于通指用法。如：

巴马10，399页：

欽	糩	那	可	布
kam¹	hau⁴	na²	ko⁵	pau⁵
（一）抓	米	田	盛请	祖公

拿一抓稻米请祖公，

花	糩	橙	可	布
va²	hau⁴	taŋ³	ko⁵	pau⁵
（一）抓	谷	子	盛请	祖公

一把谷子请祖公。

壮语量词是一类较特殊的词，除了表示数量结构，还广泛出现于一些名词前，转为词头的形式既可表达泛指的概念意义，也可以用来表达确指的事物。量词+名词表示的是一个类属，属于通指用法。如：

巴马9，32页：

嗇	狢	正	造	田
tuə²	mu¹	ɕiŋ⁵	ɕa:u⁴	na²
只	猪	来	造	水田

猪来造水田，

喢	犸	正	哏	糇
tuə²	**ma¹**	**ɕiŋ⁵**	**kɯn⁵**	**hau⁴**
只	狗	来	吃	米饭

狗来吃米饭。

　　整句意思是"猪造水田，狗吃米饭。"量词"喢"在这里是通指用法。
　　非通指的例子有：
巴马9，19页：

隆	里	僚	尋	們
luŋ²	**di⁴**	**li:u²**	**ɕam⁶**	**bo:n⁶**
大伯	与	弟媳	同	床

大伯和媳妇同睡，

駕	禁	貧	碻	磺
tɕa³	**kam⁴**	**pan²**	**ko:n³**	**lin¹**
突然	压下	变成	块	石头

突然变成石头压下来。

　　"块石头"指的是由大伯变成的石头。因此量词在这里是非通指。

巴马3，586页：

喢	奴	斗	后	押
tuə²	**nu¹**	**tau³**	**hau³**	**ka:p⁸**
那只	老鼠	来	进	夹子

那只老鼠进了夹子，

喢	鶏	斗	后	旺
tuə²	**lok⁸**	**tau³**	**hau³**	**va:ŋ⁶**
那只	鸟	来	进	网套

那只鸟进了网套。

　　由上下文可知，这里的"老鼠"和"鸟"指的是从神农婆那里取来谷种的那只老鼠和鸟。量词也是非通指。
　　现代壮语的名量词有"量+名+数"（只限于"一"）和"数+量+名"两

种语序。梁敏、张均如（2004）认为数词"一（de:u¹）"来源与形容词"单独、仅只"，而"二"以上的借自汉语古平话。[①] 壮语属于修饰语放在中心语之后的语言，因此数词应该放在被修饰的量词或量名组合之后，本语支的一些语言也还保留着这种用法（如傣语）。壮语除了"一"以外，都用"数+量+名"这种语序，原因是从汉语借入"二"以上的数词之后，整个数+量+名的语序都跟着借过来了。而"一"还保留着原有的"单独"义，作为形容词放在中心语之后，"名+量+数"结构也就得以保留至今了。

麽经里的名量词的语序大部分和现代壮语的相同。如：

巴马9，21页：

急	夭	恨	批	雨上
ke:p⁷	de:u¹	huɯn³	pai¹	kɯn²
块	一	升	往	上面

一块往上升，

十	甫	十	条	作
ɕip⁸	pu⁴	ɕip⁸	te:u²	ɕa:k⁸
十	人	十	条	绳索

十人十条绳索。

巴马4，152页：

三	及	去	三	矢
ɬa:m¹	ke:p⁷	pai¹	ɬa:m¹	ɕi⁶
三	块	去	三	处

三块去三个地方，

四	及	去	四	方
ɬi⁵	ke:p⁷	pai¹	ɬi⁵	fuəŋ¹
四	块	去	四	方

四块去四个地方，

块	了	堕	傍	馱
ke:p⁷	de:u¹	tok⁷	pa:ŋ⁴	ta⁶
块	一	落	旁边	河

[①] 梁敏、张均如：《从汉台语言的数词是否同源说起》，《民族语文》2004年第2期。

一块落在河岸上。

　　但麽经中还是保留了一部分"名＋数＋量"的形式。如东兰 5，1958
页，"伞十馬/ θa:t⁷ɕip⁸ba¹/十张席子"； 东兰 3，2274 页，"那七耒/
na²ɕat⁷ra:i⁶/七块田"；
百色 1，1264 页：

鋃	三	吞	得	艚	襄	批
kon⁶	ɬa:m¹	an¹	tɯk⁷	da:ŋ¹	ja:ŋ¹	pai¹
手镯	三	个	放	身上	布央	去

三个手镯放在身上布央人走了，

銀	三	兩	助	昑	襄	去
ŋan²	ɬa:m¹	ɕa:ŋ²	ɕo⁵	hiət⁷	ja:ŋ¹	pai¹
银	三	两	放	腰间	布央	去

三两银放在腰间布央离开了。

田阳 7，2617 页：

要	双	貪	獁	所
ça⁴	ɬo:ŋ¹	ta:m¹	ma¹	ço⁵
刀	两	柄	来	供奉

拿两把刀来供奉，

萬	双	咶	獁	充
va:n¹	ɬo:ŋ¹	pa:k⁷	ma¹	ço⁵
斧头	两	刀口	来	供奉

拿两把斧头来供奉，

竹	双	河	獁	所
tɕu⁴	ɬo:ŋ¹	ho²	ma¹	ço⁵
葫芦	两	脖颈	来	供奉

拿两个葫芦来供奉，

蘇	双	差	獁	所
ɬo¹	ɬo:ŋ¹	tɕa⁵	ma¹	ço⁵
铁锹	两	叉	来	供奉

拿两把铁锹来供奉。

　　以上这种"名＋数＋量"的形式麽经中保留了不少，这些情况有的是韵文文体的需要，有的应该是语言较古老形式的遗存。

　　从功能上看，现代壮语量词的基本特征如下：

　　（1）量词可以与不同词性的词语结合，组成各种类型的词或短语。如"量词+动词"：**an¹ ne:p⁹**（个+夹=镊子）；"量词＋形容词"：**tu² pi²**（只+肥=肥的动物）。

　　（2）量词可以独立充当句子成分，如"只大，只小"（作主语）。"你一个，我一个。"（作谓语）。"我买只。"（作宾语）。

　　麽经也有这样的用法，如：

东兰4，2336页：

不	能	不	而	存
pu⁴	**nak⁷**	**pu⁴**	**tɕi³**	**ɕaŋ²**
个（人）	敬重	个（人）	几	分

人人都相互敬重。

巴马8，2422页：

祖	王	闭	哏	恩
ɕo³	**vuəŋ²**	**pai¹**	**kɯn¹**	**an¹**
祖	王	去	吃	个（果子）

祖王去吃果子。

东兰4，2330页：

那	江	同	否	米	獨	丕	達
na²	**tɕa:ŋ¹**	**toŋ⁶**	**bau⁶**	**mi²**	**tu²**	**pai¹**	**ta²**
田	中央	田峒	没	有	头（牛）	去	耙

山峒里的田没有牛去耕。

巴马3，469页：

禾	蒔	蜜	許	晉
bau⁴	**ɕe³**	**bit⁷**	**hau³**	**ko:n³**
不	舍得	抠	给	团（米饭）

舍不得抠出点米饭。

巴马3，471页：

特	恩	歬	恩	涌
tuɯk⁷	**an¹**	**łin²**	**an¹**	**ɳon⁶**
砸中	一只	破	一只	碎

砸了一只碗碎了一只碗。

东兰4，2357页，

能	否	米	獨	零
ram²	**bau⁶**	**mi²**	**tu²**	**lim⁶**
糠	没	有	只	舔

糠没有牲畜吃。

《麽荷泰》，2839页：

流	个	屡	□	們
liu⁵⁵	an³⁵	zau⁴⁴	□	mɯŋ⁴⁴
留	一个（太阳）	我们	□	地方

留一个太阳我们□地方。

田阳3，740页：

祖	王	斗	巾	吞	批	了
ço³	**vuəŋ²**	**tau³**	**kɯn¹**	**an¹**	**pai¹**	**le:u⁴**
祖	王	来	吃	个（果子）	去	完

祖王来吃完果子。

　　这些都是量词直接做主语、宾语的例子，麽经里的用法，说明这种语法现象由来已久。

第二节　麽经保留的语法化痕迹

　　语法化有狭义和广义之分，狭义语法化只指实词虚化为语法标记的过程，广义的语法化一般公认是 Jerzy Kwylowicz 于 1965 所作的定义："语法化就是一个语素的使用范围逐渐增加一个较虚的成分和演变成一个较虚的语素，或者是从一个不太虚的语素演变成一个更虚的语素，如一个派生语素变成一个曲折语素。"
　　麽经不是一时一地的产物，而是历代语言现象层层累加的结果。以下将从麽经的一些语言现象分析其语法化的痕迹。

一、ni⁴的语法化轨迹

一种语言要么有定指标志，要么没有。跨语言的研究表明，在有些语言里，定指是通过专门的形式标志表达的。定指标志有前置的和后置的；有表现为一个自由的词（定冠词），也有表现为黏着语素（曲折形式或者词缀）。

壮语是形态变化不发达的语言，是否存在定指标志？是否存在类似于英语定冠词"the"的定指标志？壮语里有"ni⁴"这样的后置成分起到表示定指的作用，是否已经语法化为专门的定指标志？回答这些问题，我们可以从定冠词虚化的路径谈起。

定冠词从指示词虚化而来，这在有冠词的语言是相通的。指示词虚化成冠词后首先应该作为定指（有定单指）标志，然后功能扩大到通指和专有名词，顺序如下：

指示词→冠词：有定（单指）→通指→专有名词。[1]

并不是所有有冠词的语言中的冠词都最终实现了这一过程。但指示词虚化为定冠词的第一步，即标记有定单指是最重要的。现在我们就来看这一步在壮语里有没有实现。

巴马 11，662 页：

肛	召	你	娄	吽
taŋ²	çi:u⁶	ni⁴	lau²	nau²
到	世	这	我们	说

到这代我们说。

百色 5，3062 页：

滕	个	故	召	你
taŋ²	ka:i⁵	ku¹	çi:u⁶	ni⁴
到	我	们	代	这

到我们这代。

百色 3，3020 页：

娘	獁	你	灰	含
na:ŋ²	ma¹	ni⁴	ho:i⁵	ham⁵
妹	来	这	我	说

① 高顺全：《三个平面的语法研究》，学林出版社 2004 年版，第 74 页。

妹到这儿来我说。

百色 3，3021 页：

杀	光	耗	哼	你
ça³	kva:ŋ¹	ha:u⁵	çon²	ni⁴
若	君	说	句话	这

您若说这句话。

百色 3，3022 页：

徃	獁	高	你	难
nuəŋ⁴	ma¹	ka:u⁶	ni⁴	na:n²
妹	来	如	此	久

妹来这么久了。

巴马 10，365 页：

狼	你	屈	贫	你
la:ŋ⁶	ni⁴	ço:t⁸	pan²	ni⁴
章	这	结束	成	这样

这章就这么结束了。

　　从以上例句中可以看出，ni⁴可以独立，可以做指示代词，也可以做指示词，直接放在名词之后，不一定和数量词结合表示有定单指。
　　壮语里表远指的指示词从第三人称代词te¹ 虚化而来，放在名词后面，充当表远指的指示代词。如：
百色 5，3062 页：

國	樣	他	造	退
kuək⁸	jiəŋ⁶	te¹	ça:u⁴	to:i⁵
做	事情	那	才	消退

做那件事情（灾祸）才得以消退。

百色 3，3020－3021 页：

耵力	他	国	盖	麻
ço⁶	te¹	kuək⁸	ka:i⁵	ma²
名字　她（的）	叫	什	么	

她叫什么名字，

位	他	黎	樣	幼
fai¹	**te¹**	**lai²**	**jiəŋ⁶**	**ju⁵**
姓氏	她（的）	叫	什	么

她姓什么。

巴马 11，662 页：

盖	他	伝	召	柳
ka:i⁵	**te¹**	**pu⁴**	**çi:u⁶**	**du⁴**
事	那	人	世	古

那事是古人的事，

盖	他	佈	召	貫
ka:i⁵	**te¹**	**pu⁴**	**çi:u⁶**	**ko:n⁵**
事	那	人	世	前

那事是前人的事。

　　在百色 5 的例句中，**te¹** 可以看作表远指的指示词，也可以看作第三人称所有格，可见虚化程度的不是很高。以巴马 10 为例，整个抄本出现 59 次**ni⁴**，**te¹** 只出现 7 次，其中 5 次还是表示第三人称所有格。由此可见，**te¹** 不常用，**ni⁴**没有形成和**te¹** 表远指的对立，**ni⁴**表示有定单指，它已经初具典型意义上的定冠词。

　　在大多数有定冠词的语言里，专有名词一般以"光杆"的形式出现。有些语言里的专有名词必须伴随定冠词。如果定冠词的功能扩大到标记专有名词，那么它不应该改变专有名词的意义。

　　麼经里有这样的句子：巴马 10，364 页：

卜	力	笼	度	擂
po⁶	**luɯk⁸**	**loŋ¹**	**to⁴**	**do:i⁶**
父	子	错	相	打

父子错在相互争打，

也	可	狔	你	所
je³	**ko³**	**mu¹**	**ni⁴**	**ło⁵**
也	用	猪	这	梳理

也可以用猪来梳理，

也	可	䐗	你	還
je³	ko³	no⁶	ni⁴	va:n²
也	用	肉	这	还愿

也可用肉还愿。

　　mu¹ ni⁴（猪这）、 no⁶ ni⁴（肉这）指所有的猪，所有的肉。由此可见ni⁴也没有改变专有名词的意义，它也可以表示通指。

　　由于经常放在时间名词后面，ni⁴因此获得了"当前的、现今的"的意义，当它进一步虚化，独立使用，就成了表示时间的指示代词"现在"。如：
巴马10，363页：

鲁	你	篭	杀	憑
lo⁴	ni⁴	loŋ¹	ça:t⁷	fɯŋ²
或者	现在	错	擦	掌

或者现在错在擦拳。

东兰2，1825页：

尼	到	胏	月	尼
ni⁴	ta:u⁵	taŋ²	dɯən¹	ni⁴
现在	回	到	月	这

如今回到这个月。

　　这表明壮语的ni⁴完成了指示词→冠词：有定（单指）→通指的虚化路径。

二、"hɯ³"的语法化

　　壮语表示给予、使役、处置、被动、为、向、对的词hɯ³（或haɯ³、hai³、hoi³等变体，为论述方便本文采用hɯ³）是个基本词和高频词，麽经的很多抄本用"許"来表示hɯ³。用这个字来记录，也许是出于偶合，也有一种可能，即hɯ³和汉语的"许"是关系词。

　　"许"，中古晓母遇合三鱼韵字，《唐韵》"虚吕切"，《集韵》"喜语切，从虚上声。"上古拟音为* ha，中古拟音为* hɯ。

　　壮语的第三调对应汉语的上声。

　　蓝庆元（1999）分析了壮语和汉越语的情况后认为、鱼韵在它们所从出的汉语方言里读ɯ一类的音，其分布的区域由吴语区闽语区一直延伸至华南，壮语和汉越语中的鱼韵读ɯ正是南中国许多方言中的中古层次。

由此可见，从声韵调上，壮语的 **huɯ³** 和汉语的"许"是关系词。

壮语的 huɯ³ 有动词和介词两种词性。

huɯ³ 的基本义是"给予"义，如：

巴马 1，257 页：

贫	病	眉	盖	许
pan²	piŋ⁶	mi²	ka:i⁵	**haɯ³**
生	病	有	东西	给

生病有东西给。

田阳 5，831 页：

肓	眉	甫	許	枴
me:ŋ²	**mi²**	**pu⁴**	**hai³**	**tɯŋ⁴**
盲人	有	人	给	拐杖

盲人有人给拐杖。

《麽荷泰》，2810 页：

半	那	要	那	来	嚇	共
pan³⁵	na⁴	au³⁵	na⁴⁴	za:i⁵⁵	**haɯ³³**	huŋ⁴⁴
分	田	要	田	坏的	给	祖王

分田把不好的田给祖王。

巴马 8，2411 页：

告	許	命	肝	缝
ka:u¹	**haɯ³**	**miŋ⁶**	**taŋ²**	**fɯŋ²**
交	给	命书	到	手

把命书交到手。

巴马 4，204 页：

献	盏	酒	許	布
jiən⁶	ɕe:n³	lau³	**haɯ³**	pau⁵
献	杯	酒	给	公公

把酒献给公公。

最后一个句子的 haɯ³ 还可以看作"给予"义，但前面的动词jiən⁶（献）已经承载了更多的动作义，huɯ³ 已经有虚化为引进动作行为的对象的介词倾向。

　　huɯ³ 的 "使役" 义是从 "给予" 义发展而来的，以下的例句可以看出两者的联系：句中的 **huɯ³** 仍可以看作 "给予" 的意思，但整个句子的意思已经和 "让、叫" 的使役义非常接近。如：

《麽荷泰》，2861 页：

中	宜	**草**	多	敀	唅	患
tɕuŋ³⁵	nai³¹	**haɯ³³**	to³⁵	ti³¹	tɕin³⁵	ko:n¹¹
杯（酒）	这	**给**	土	地（神）	吃	先

这杯酒让土地神先吃。

那坡本，2928 页：

嫪	妹	匀	否	**許**	守	吣
ni⁴	me⁶	kau¹	bou⁶	**hoi³**	sou¹	kin¹
肉	母亲	我（的）	不	**给**	你们	吃

不给你们吃我母亲的肉。

巴马 7，2645 页：

被	民	**許**	魚	眠
pi⁵	**bin⁴**	**haɯ³**	**ȵɯə²**	**nin²**
铺	草席	**给**	鱼	睡

铺草席给鱼睡。

　　这些例句的基本句式是 N1+ **huɯ³**+N2+V。从句法上看，后面部分 "**huɯ³** +N2 + V" 正好和使役句 "让/叫＋兼语＋V" 一样。语义上，N2 是 **huɯ³** 的受事，又是 V 的施事，正和兼语的地位一样。这样，由 "给予" 引申出 "使役" 义，**huɯ³** 多了又一个动词义项。以下例句是使役句：

那坡本，2891 页：

天	地	**許**	灰	分
thi:n¹	tei⁶	**hoi³**	kho:i ³	pan¹
天神	地神	**让**	我	分辨

天神地神让我分辨。

巴马 1，268 页：

许	六	丕	里	付

haɯ³	lok⁸	pai¹	di⁴	fu¹
给	鸟	去	跟着	叮啄

让鸟儿去跟着叮啄。

許	孖	救	到	利
haɯ³	lɯk⁸	tɕau¹	ta:u⁵	di¹
给	儿	长寿	又	好

让孩儿长寿又吉祥。

巴马 4，43 页：

天	地	許	古	成
tiən¹	ti⁶	**haɯ³**	ku¹	pan²
天	地	给	我	成（布麽）

天地让我成为布麽。

巴马 9，74 页：

許	布	斗	貧	具
haɯ³	pau⁵	tau³	pe:ŋ¹	pɯei¹
让	祖公	来	祷	祝

让祖公来祈祝。

巴马 9，88 页：

許	他	利	满	召
haɯ³	te¹	di¹	muən⁴	ɕi:u⁶
让	他	好	满	世

让他一辈子都好。

《麽荷泰》，2808 页：

三	早	嚇	蒙	天
sa:m³⁵	naɯ³⁴	**haɯ³³**	mum³³	fa³⁵
三	早	给	睁眼（看）	天

第三个早上就让（孩子）睁眼看天。

田东 1，1352 页：

立	許	冲	不	冲

lap[8]	hai[3]	ɕuəŋ[1]	bau[4]	ɕuəŋ[1]
应该	给	相逢	（却）不	相逢

应该相逢的却不让相逢。

由给予句发展到使役句，也使**huɯ[3]**向被动的方向迈进了一步。被动句的被动标志词和动词之间只能有一个名词，这个名词只能是谓语动词的施事。"**huɯ[3]＋N2＋V**"语序的使役句已经符合这个要求了。以下例子可以理解为"让"，也可以理解为"被"，这种两可的情况，反映出从使役到被动的发展：
巴马8，2397页：

米厚	許	暑	吥	賴
hau[4]	**hauɯ[3]**	ɬɯ[5]	kun[1]	la:i[1]
饭	给	媒人	吃	多

给媒人多吃饭。

巴马4，2414页：

許	畐	妄	吥	度
hauɯ[3]	tuə[2]	fa:ŋ[2]	kun[1]	to[6]
给	只	鬼	吃	够

让那只鬼吃够。

当"**huɯ[3]＋N＋V**"结构中的施事成分 N 省去之后，就得到了这样的被动句：
田阳4，2711—2712页：

父	許	達	朗	那
po[4]	**hai[3]**	tat[7]	na:ŋ[6]	na[3]
父	被	断绝	本	家

父亲的本家遭灭绝，

父	許	杀	朗	楞
po[4]	**hai[3]**	ka[3]	na:ŋ[6]	laŋ[1]
父	被	杀	外	家

父亲的外家被杀。

巴马3，578页：

祖	叺	莫	針	猢

ço[1]	tça:t[7]	bau[4]	tçam[5]	ma[1]
祖上	殃怪	不	肯	回来

殃怪的祖上不肯回来。

篤	塘	許	貧	岜
tok[7]	tam[2]	**haɯ[3]**	pan[2]	tça[1]
落下	塘	给	变成	鱼

掉下鱼塘被变成鱼，

篤	那	許	貧	粿
tok[7]	**na[2]**	**haɯ[3]**	**pan[2]**	**hau[4]**
落下	水田	给	变成	稻谷

掉下水田被变成稻谷。

田阳 8，1034 页：

造	甲	楞	到	斗
ça:u[4]	**tça:t[7]**	**laŋ[1]**	**ta:u[5]**	**tau[3]**
若	殃怪	以后	返	回

如果殃怪以后回来，

口	塘	許	貧	岜
hau[3]	**tam[2]**	**hai[3]**	**pan[2]**	**tça[1]**
进	水塘	给	变成	鱼

掉进水塘被变成鱼。

东兰 2，1472 页：

放	风	到	海	就
fa:ŋ[2]	fun[2]	ta:u[5]	**haɯ[3]**	lok[7]
鬼	柴	又	给	拔

变成鬼柴又被拔掉。

这些省略了施事成分的句式，和壮语的被动标记**tɯk[8]** 在句中所处的位置是一样的，试比较：

巴马 3，页 488：

里	王	了	得	鵁

li⁴	pu⁴	de:u¹	tɯk⁸	da⁶
还有	个	一	挨	骂

还有一个挨骂。

田阳 7，页 2551：

千	郭	甫	得	增
ɕi⁶	kuək⁸	pu⁴	tɯk⁸	ɕaŋ²
就	做	人	受	憎恨

就做受人憎恨的人。

田阳 7，2625 页：

甫	特	文	悉	馬
pu⁴	tɯk⁸	fan²	kɯn²	ma⁴
人	被	砍	上面	马上

人在马上被砍。

hɯ³也具备了和tɯk⁸一样的语法功能，成了一个被动标志。

当表"给予"义的hɯ³前面还有别的动词，这个动词承载了动作的更多的信息的时候，hɯ³就有可能发生语义降级，进一步虚化成引进动作行为对象的介词。如：

东兰 2，1783 页：

尽	奴	海	甲	中
ɕi⁶	nau²	haɯ³	tɕa⁴	kuək⁸
就	说	给	孤儿	做（麽）

就说给孤儿做布麽。

东兰 2，1825 页：

寄	海	卜	蘇	并
tɕi⁵	haɯ³	pu⁴	θu³	ra:n²
寄付	给	人	主	家

寄付给主家的人。

班	海	卜	蘇	部
pa:n¹	haɯ³	pu⁴	θu³	pu⁶
留	给	人	主	户

留给主户的人。

东兰3，2239页：

各	冇	海	羕	芇
kuək⁸	kon⁵	haɯ³	θu³	ra:n²
做	决断	给	主	家

替主家做决断，

各	江	海	羕	倍
kuək⁸	tɕa:ŋ¹	haɯ³	θu³	pu⁶
做	公正	给	主	人

替主家主持公道。

　　hɯ³ 在这些句子中表示"为、替、向、对"等意义。当"为、替"后的成分不局限于受益者的时候，动词后面的受事成分就有可能占据hɯ³后的位置，从而使hɯ³的功能发生转化，hɯ³就有了表示"处置"的可能。如：
田阳3，741页：

分	那	許	那	内	个	王
pan¹	na²	hai³	na²	no:i⁴	ka:i⁵	vuəŋ²
分	水田	给	水田	小	给	汉王

把小水田分给汉王，

分	灰	許	灰	哌	个	王
pan¹	ho:i⁵	hai³	ho:i³	kve²	ka:i⁵	vuəŋ²
分	奴仆	给	奴仆	跛脚	给	王

把跛脚的奴仆分给汉王。

东兰2，1707页：

卜	黄	海	若	海	他	潅
pu⁴	vuəŋ²	haɯ³	jo:k⁷	haɯ³	te¹	ɕo:i⁶
那位	王	给	纺机	给	她	纺织

那位王把纺机给她织。

　　"动词＋受事"全都省略，则有这样的句子：
田阳5，824页：

許	立	零	个	故
hai³	lit⁸	li²	ka:i⁵	ku¹
给	爪	子	给	我

把爪子给我。

在这里**hɯ³**已经完全具有"处置"义了。

"给予"→"使役"→介词（被动、处置、为、向、替），**hɯ³**走了这样的语法化路径。

从跨语言的角度考察，许多语言中表示"给予"、"使役"、"被动"、"处置"、"为（替）"都是用的同一个词，据张惠英（2002），类似壮语这一现象的还有广东连南八排瑶语等汉藏语系的语言。汉语方言中也可以看到类似的现象，据江蓝生（1999），唐宋白话文献中已经可以见到给予动词表示处置的例子。①

虽然如此，壮语的**hɯ³**和汉语的"许"的语法化过程并不是平行的。"许"在汉语里的发展演变情况是这样的："许"的本意为共同劳动时发声以助劳，引申指"应允"，再引申为"答应给予"。心意相合才应允，故又引申为"赞同、认可"，又进而引申为"期望"。"许"表"给予"义和"与"是相通的，出现了"许"后接"与"充当介词引入对象成分的现象。"与"后来替代了"许"表"给予"的意义，进一步引申出"使役"，再从使役句发展出被动句。词性上，虚化出连词和介词。明清以后，"与"又被"给"逐渐取代。"给"在清代以前的几种虚词功能是受"与"字相同功能类化的结果，清代中叶产生的使役介词功能和被动功能则有两种可能：（1）自身语法化的结果；（2）受"与"字类化的结果。②

综上所述，"许"在汉语里几经演变及被替代，而壮语的**hɯ³**从汉语借入后，其间发生了一系列的意义引申和虚化过程，是自身语法化的结果。

三、ju⁵的语法化

"ju⁵"（或ʔju⁵、ju⁶、ʔjou⁶、u⁵等变体，为论述方便本文采用ju⁵）在现代壮语里作动词只有"居住"、"在"的义项，但在麽经里它具有"停留、附着"的意义，具体的意思根据上下文而定。如：

东兰2，1569页：

娄	住	着	召	刚

---

① 江蓝生：《近代汉语探源》，商务印书馆2000年版，第221—236页。

② 洪波：《"给"字的语法化》，《南开语言学刊》2004年第2期。

rau²	ʔju⁵	θo⁶	ɕa:u⁴	ka:ŋ³
我们	站	直	才	说话

我们站直了才说话。

巴马 11，624 页：

幻	偶	耳	里	哪
ju⁶	au¹	lɯə²	di⁴	ȵiə¹
站	要	耳	一起	听

站着用心听。

东兰 2，1582 页：

双	娘	住	双	登
θo :ŋ¹	niəŋ²	ʔju⁵	θo :ŋ¹	taŋ⁵
两	女子	坐	两	凳

两个女子坐在两张凳子上。

巴马 8，2394 页：

王	凹	買	个	辱
vuəŋ²	kuək⁸	ma:i⁵	ka²	ju⁶
王	成	鳏	独	居

王成了鳏夫一个人住。

巴马 9，16 页：

娄	同	幼	卦	痕
lau²	toŋ²	ju⁶	kva⁵	hɯn²
我们	同	住	过	夜

我们同住过夜。

《麽荷泰》，2839 页：

當	們	周	孺	好
taŋ⁴⁴	mɯŋ⁴⁴	tɕou⁵⁵	ju¹¹	dai³⁵
整个	地方	才	住	舒适

整个地方才住得舒服。

《麽荷泰》，2802 页：

借	掌	播	孺	是
tɕe³³	tɕa:ŋ⁴⁴	bo¹¹	ju¹¹	tɕaɯ³⁵
接触	病	不	附	心

　　"ju⁵"作为动词时具有核心句法意义,而当它与某一动词构成连动式时,便降格为非中心动词成分,即成为中心动词的补充成分,这样一来原来的实词意义势必受到削弱。如:

那坡本,2932页:

雌	斗	幼	妾	桌
sɯ⁵	tau³	ʔjou⁶	ni¹	tso:ŋ²
雌鬼	来	(坐)在	上方	桌子

雌鬼来坐在桌上,

雄	斗	幼	妾	片
juŋ²	tau³	ʔjou⁶	ni¹	ben⁶
雄鬼	来	(坐)在	上面	竹笪

雄鬼来坐在竹笪上。

巴马4,125页:

造	幼	各	梅	芷
ɕa:u⁴	ju⁶	kok⁷	mai⁴	fa:i²
造	在	根	树	毛竹

在毛竹根底下制造。

　　连动式是许多实词语法化的语境条件。从语义类别上说,处所动词是最有可能出现在连动结构中,也最有可能发生"语义级降",并在句法上产生曲折变化的动词之一。这些句子中的ju⁵还可以看作动词义,但和别的动词连用,处于连动结构的第二个动词位置,由于表示动作的信息更多承载在第一个动词之上,ju⁵成了次要动词,表示伴随动作,这就使得词义发生弱化。这就朝泛化、虚化迈出了第一步。如上例所示 ju⁵ 可以带上处所宾语,此时整个"动词+ ju⁵+处所"结构表示物体通过某种动作而附着于某处, ju⁵ 既引出放置物体的处所,同时也是前一动作的一种结果,出现在 ju⁵ 前的动词尚有较强的"移动"义(如"tau³"),这类动词不能造成"附着"的状态, ju⁵ 的功能主要是引出使物体到达的处所,这就为 ju⁵ 转变为介词奠定了基础。再看以下例句：

田阳 8，1049 页：

跪	幼	忑	登	同
kvi⁶	u⁵	la³	taŋ⁵	toŋ²
跪	在	下面	神	台

跪在神台下面。

巴马 3，611 页：

能	幼	日	林
naŋ⁶	ju⁶	kiə²	lam⁶
坐	在	地方	阴

坐在阴凉的地方。

巴马 4，204 页：

跪	幼	忑	床	能
kvi⁶	ju⁶	la³	ɕo:ŋ²	naŋ⁶
跪拜	在	下面	神	台

跪拜在神台下面，

求	幼	忑	凳	同
tɕau²	ju⁶	la³	taŋ⁵	toŋ²
求拜	在	下面	神	龛

求拜在神龛下面。

　　ju⁵前的动词是动作性很强并且可以有清楚的停止行为，不再需要 ju⁵ 来表达"附着"的状态，因此成了介词成分。语法化过程常常涉及成分的重新分析，ju⁵由原先的与前面的动词紧密结合变成了和后面的处所短语紧密结合，"ju⁵＋处所"结构由此变得比较自由，可以置于动词前也可以置于动词后。如：

东兰 5，1916 页：

仙	係	肯	思	显
θiən¹	ʔju⁵	kɯn²	kuək⁸	tiŋ⁶
仙人	在	上界	就	见

仙人在上界就看见了。

巴马 9，16 页：

灰	幼	小	師	從
ho:i⁵	ju⁶	ɬi:u⁶	ɬai¹	ɬoŋ²
我	在	小	师（神 位）	肃立

我在小师神位前肃立。

百色 3，2966 页：

德	蚁	幼	傍	桑
tak⁷	ja:u⁶	u⁵	piən²	ɬa:ŋ¹
捞	虾	在	地方	高的

在高地捞虾。

东兰 2，1497 页：

名	十	住	十	恨
mɯŋ²	ɕi⁶	ʔu⁵	ɕip⁸	ham⁶
你	就	住	十	夜

你就住十个晚上。

　　从跨语言的情况来看，处所动词在许多语言里还可以进一步虚化为表持续、进行的未完成体标记语素，即存在这样一条规律：处所动词＞处所介词＞体标记。①当动作行为发生的处所省略掉之后，就有了这样的句子：

巴马 4，174 页：

祖	皇	幼	正	案	晗	你
ço³	vuən²	ju⁶	çiŋ⁵	a:n⁵	ham⁶	ni⁴
祖	王	在	作证	纠纷	晚	今

今晚祖王在处理纠纷。

田阳 5，830 页：

蟧	馬	欲	班	客
tak⁷	ma⁴	u⁵	pa:n⁴	he:k⁷
螳	蜋	在	待	客

螳螂在待客。

---

① 高增霞：《处所动词、处所介词和未完成体标记》，《中国社会科学院研究生院学报》2005 年第 4 期。

　　例句中的**ju⁵**没有引进动作行为发生的处所，因此，**ju⁵**可以表示动作行为的持续或正在进行。但是这样的用法在麽经里非常罕见的，只发现这两例，这是因为：（1）麽经特有的文体使得动词时态的变化很少，也就是说，动作或事件在时间过程中的情状结构表现不明显；（2）麽经成书的年代壮语动词的体范畴还没有充分发展起来。韦景云（2007）认为壮语的 jəu⁵ 和泰语 ju⁵ 虽是同源，但是二者的语法化趋势却截然不同，即泰语 ju⁵ 具有"进行体"、"持续体"的语法化特征，壮语 jəu⁵ 则没有。泰语 ju⁵ 的语法化特征应是包括壮语 jəu⁵ 在内的早期侗台语的语法特征之一，而壮语 jəu⁵ 深受汉语影响，被迫与汉语"在"的语法趋同，远离汉语影响的泰语 jəu⁵ 则仍保留着古侗台语的语法特点。①麽经抄本发现的这两则例子，反映了壮语（主要是北部壮语）**ju⁵**的语法化萌芽或残存的痕迹。

　　麽经动词后有丰富的后附叠音词尾，虽然这种形式重在描摹动作的外在特征，但可以把这看作动作的正在进行或持续，如：

《麽荷泰》，2815 页：

地	鉄	多	错	差
na:m³¹	lɛk⁴⁴	tɔk⁵⁵	tɕho³³	tɕha³³
土块	小	落下	沙	沙

小土块沙沙落下。

巴马 3，467 页：

劲	腮	耗	地	圿
luɯk⁸	ɬa:i¹	ha:u⁵	ti⁶	ta:n²
儿	男	议论	纷	纷

男孩子们议论纷纷。

　　后附叠音词尾的大量使用，更多的是表示动作的"貌"，而不是"体"。②

　　麽经里已经有一些句子直接用"着"或"正"来表示"持续"义了，如：

东兰 5，1971 页：

古	正	也	節	德	節	圿	问	豚
ku¹	ɕiŋ⁵	ʔjak⁷	ɕiəp⁷	tiək⁸	ɕiəp⁷	tam²	vɯn⁶	tɯn²

　　① 韦景云：《壮语 jou⁵ 与泰语 ju⁵ 的语法化差异分析》，《中央民族大学学报》（哲学社会科学版）；《中国社会科学院研究生院学报》2007 年第 6 期。

　　② 本文所指的"貌"，指动作或事件的具体表现方式，"体"指动作或事件在时间中的情状结构。（参见戴耀晶，1997 年）。

我	正	想	承接	地方	承接	鱼塘	混	沌

我正在想接过混沌的地方和鱼塘。

那坡本，3054 页

提	五	鬼	編	良
tɯk⁸	**ŋo⁴**	**kvi³**	**ma¹**	**liəŋ²**
正	五	鬼	来	跟

五只鬼正跟着。

　　或者通过动词的后附叠音词尾来表示动作的正在进行或持续，或者借汉语的"着"和"正"，所有这些因素使得 **ju⁵** 进一步虚化为体标记的机制相对不足。虽然麼经里有两个句子表明 **ju⁵** 有表动作行为的持续的一点点迹象，但它未能进一步语法化成体标记，随着汉语"着"和"正"的借入，**ju⁵** 也就失去了进一步语法化的机会了。

　　现代壮语内部，动作的正在进行或持续，在各个方言/土语点的表达形式是不一致的。有些方言/土语用动词的后附叠音词尾来表示，有些在动词前加 **tɯk⁷** 或 **ɕiŋ⁵**，有些在动词后加 **ju⁵**。一般说来，北部壮语多用 **tɯk⁷** 或 **ɕiŋ⁵**，南部壮语多用 **ju⁵**，如：

武鸣壮语（北部）：

ki³	fɯŋ²	kjoŋ⁵	ta⁶	si:n¹	ɕiŋ⁵	tam³	kim³	han⁴
手	们	女	仙		正	织	锦	那

仙女们正在织锦。

tou¹	laŋ¹	hai¹	tɯk⁷
门	后	开	着

后门开着。

pu⁶	jou⁵	pai⁶ɣok⁸	la:ŋ⁶	tɯk⁷
衣服	在	外边	晾	着

衣服在外面晾着。

　　从声、韵、调上来看，**tɯk⁷** 和 **ɕiŋ⁵** 分别借自汉语的"着"[①]和"正"。如靖西壮语（南部）：

---

　　① 覃晓航：《壮语特殊语法现象研究》，民族出版社 1995 年版，第 33 页。

te³	tsen³	nam⁴	**jou⁵**	pei³
他	正	想	在	这样

他正这么想着。

me⁶	ma:i³	pjo:ŋ⁶	na:ŋ¹	kən²	θau³	**jou⁵**
妇	寡	半	身	人	守	在

寡妇犹如半身人守着寡。

jou⁵	than¹	ȵam⁶	nap⁷	a²,	mo⁴	lun²	tsu⁵	mei²
po⁶	tsa:i²	tha³	**jou⁵**					
在	到	夜	除夕	啊	每	家	都	有
人	男	等	在					

在除夕夜，每户都有男人等着。

　　虽然在麽经这个系统内部 **ju⁵** 未能发展成体标记，但口语是不断发展变化的，南部壮语里已经用 **ju⁵** 来表示动作的进行或持续。同语支的泰语、傣语里，**ju⁵** 则继续顺其沿流，发展成为表示动作行为正在进行或持续的标记。

四、"V1 去 V2 来（回）"的发展演变轨迹

　　汉语用"V1 来 V2 去"表示动作的持续和多次重复，壮语用"V1 去 V2 来（回）"表示，结合紧密，结构稳定。这一点在麽经里也有体现，从语音停顿上来看，"V1 去 V2 来（回）"由前后对称的两部分组成，其构成形式为"V1 去+V2 来（回）"。

　　在此结构中，V1 和 V2 可以是同一个动词，如"爬去爬来"、"涂写来涂写去"、"吹去吹来"：

巴马 10，368 页：

蟀	耒	批	耒	獁
ne:ŋ²	**la:i⁶**	**pai⁶**	**la:i⁶**	**ma¹**
虫	爬	去	爬	来

虫爬来爬去。

蟀	夾	批	夾	到
ne:ŋ²	**tɕa²**	**pai¹**	**tɕa²**	**ta:u**
虫	涂写	去	涂写	来

虫涂写来涂写去。

巴马 11，639 页：

⿰几林	報	丕	報	馬
lum¹	**pa:u⁴**	**pai¹**	**pa:u⁵**	**ma¹**
风	吹	去	吹	来

风吹来吹去。

巴马 11，641 页：

⿰几林	拂	丕	拂	馬
lum¹	**pat⁷**	**pai¹**	**pat⁷**	**ma¹**
风	拂	去	拂	来

风拂来拂去。

东兰 5，1955 页：

鳥	敏	丕	敏	馬
rok⁸	**bin¹**	**pai¹**	**bin¹**	**ma¹**
鸟	飞	去	飞	来

鸟飞来飞去。

东兰 4，2366 页：

排	吉	丕	言	馬
pa:i⁶	**jiət⁸**	**pai¹**	**jiət⁸**	**ma¹**
风箱	拉	去	拉	来

风箱拉来拉去。

V1、V2 也可以是具有相同语法功能的同义动词，如：

田阳 3，711 页：

⿰風林	勿	批	舞	麻
lum²	**fɯt⁸**	pai¹	fɯ⁶	ma¹
风	吹	去	吹	来

风吹来吹去。

田阳 8，981 页：

冧	物	批	柱	麻
lum²	ut⁷	pai¹	u⁴	ma¹
风	卷	去	旋	来

风卷来卷去。

巴马 9，23 页：

淋	畢	批	俖	麻
lam⁴	pit⁷	pai¹	pi¹	ma¹
水	荡	去	荡	来

水荡来荡去。

　　V1 和 V2 不能是反义词，这是因为这种结构的语法意义主要表示相关动作、行为的重复和持续，而反义词表示的是两个完全相反的动作行为。就目前见到的现代壮语和麽经的语料来看，还没发现 V1、V2 是反义词的情况。一个动词能否进入这个短语结构，主要取决于动词本身的性质，其次结构的语法意义和表意功能也决定着进入该结构的动词类型。总的来说关系动词（是、成为、等于）、能愿动词（会、愿）一般不能进入这一结构。这一结构是表示在预期结果出现之前某一相关动作行为的持续，也就意味着它表示的动作是没有结果意义的，因此动补结构的动词和表示结果意义的联合式动词大多不能进入这个结构，例如："看见、知道"类动词皆排除在这一结构之内。

　　这个结构中的动词，最初是带有趋向义的，"去"和"来"与它们结合时，在短语结构中作动词的补充成分，带有比较实在的意义，还具有"从甲空间位移到乙空间"的词汇意义。如：

巴马 11，632 页：

他	真	丕	真	到
te¹	ɕim¹	pai¹	ɕim¹	ta:u⁵
他	看	去	看	来

他看来看去，

尖	丕	及	尖	馬
ɬom¹	pai¹	tɕap⁸	ɬom¹	ma¹
量	去	又	量	来

量来量去。

巴马 8, 2398 页：

现	勿	化	勿	狂
ke:n¹	fɯt⁸	va¹	fɯt⁸	va:k⁷
手臂	摆	去	摆	来

手臂摆来摆去。

当句子的主语不是动作行为的发出者，且不再是具体可感的某人某物时，V1、V2 的动词义就不再是空间内的动作位移，如：

巴马 8, 2397 页：

哢	高	比	高	獁
ɕoŋ²	ka:u⁶	pai¹	ka:u⁶	ma¹
话	倒	去	倒	来

一句话倒来倒去。

行为动词要进入这种结构，也是本身可以持续和反复的。有一类动词是表示短暂动作的，或者表示一经动作后不再继续的概念，如"发疯"。当这类动词所表示的动作行为没有达到预期的结果时，动作就可以重复了，这样，类推的作用使它们进入"V1 去 V2 来"结构，由于这个结构本身具有的意义，这些动词就临时染上了持续义。如：

东兰 2, 1453 页：

馬	丕	丕	百	麻
ma⁴	pa:k⁸	pai¹	pa:k⁸	ma¹
马	发疯	去	发疯	回

马持续发疯，

勒	百	丕	百	到
lɯ²	pa:k⁸	pai¹	pa:k⁸	ta:u¹
驴	发疯	去	发疯	来

驴发着疯。

有些动词在表示行为持续时，要受到一定的限制，如果它表示一次性的行为就不能进入"V1 去 V2 来"结构中。如果表示经常性的，时间范围扩大了，就可以进入这一结构。例如动词"梦"：

巴马 3, 542 页：

王	蒙	比	蒙	到
vuəŋ²	muŋ⁶	pai¹	muŋ⁶	ta:u⁵

王	梦	去	梦	来

王梦来梦去。

　　有些表示心理活动和变化的非动作动词，如果是动作者主观上可以控制的（指控制动作的时间、次数），就此带上了持续和反复的意义，这类词也进入了这一结构，如"想、怨、恨、猜"等心理动词：

巴马 9，81 页：

王	葉	批	葉	到
vuəŋ²	diəp⁸	pai¹	diəp⁸	ta:u⁵
王	想	去	想	来

王想来想去。

　　"V1 去 V2 来"就这样一步步发展演变，结构中的"去""来"由原来的具有实词义发展到不再具有趋向动词的意义。到最后，"来、去"已不表示具体的指向，不像趋向动词"来"表示以说话人立足点为目标，"去"以说话人立足点为出发点，这样，这个结构中的"来""去"差不多完全等值，都不表示具体的方向，而是表示一种抽象的语法意义，即某一动作的重复、持续。"来""去"几乎完全被虚化，只不过由于语言习惯而依然保留在结构里。

　　如果"V1 去 V2 来"结构中的动词后面连接名词，就这一结构的使用来看，"去"和"来"不能和双音节词结合，如此一来，就得省略去一个多余的成分，使结构保持四音节格式，因此我们就看到了这样的用法：

巴马 11，661 页：

口	司	丕	司	馬
kau³	ɬɯ¹	pai¹	ɬɯ¹	ma¹
看	书	去	（看）书	来

书看来看去，

羅	司	丕	司	到
la¹	ɬɯ¹	pai¹	ɬɯ¹	ta:u⁵
找	书	去	（找）书	来

书找来找去。

　　有些甚至前面的动词都不出现，如：

巴马 3，473 页：

橢	批	橢	繥	橢	度	倍
la:p⁷	pai¹	la:p⁷	ma¹	la:p⁷	to⁴	p o:i²
一担（礼品）	去	一担	回	一担	相	还礼

礼品担来担去相还礼，

墥	批	墥	繥	墥	度	口长
lo:i⁴	pai¹	lo:i⁴	ma¹	lo:i⁴	to⁴	ɕim²
一串（食物）	去	一串	来	一串	互相	品尝

食物一串送过来一串送过去互相品尝。

　　"V1 来 V2 去"结构的语法意义主要是表示动作行为的持续和重复，这种语法意义是通过"去""来"的连用表达出来的。因为这种结构中的"来""去"不能用任何其他词语来代替，它语法化到最后，当它表示某一动作行为的重复持续并不要求其他词语的帮助，本身就可以体现出来时，名词成分也可以进入这个结构中了。"V1 去 V2 来"结构就这样经历了一系列的语法化路径。

五、va:i³的语法化

　　va:i³在壮语里可以作谓语，有"越过、经过"的意思，可以是空间上的"越过"，也可以是时间上的"经过"，可以是不及物动词，也可以是及物动词，例如：

东兰 3，2266 页：

名	亏	乎	月	托	逃
muɯŋ²	vi⁴	hu³	dɯən¹	to⁶	va:i³
你	指	云	月	相	逃

你指着天，云和月亮奔逃。

东兰 3，2218 页：

外	犬	甹	淋	勒	户	丕
va:i³	tɕi²	ɯən²	ram⁴	lak⁸	un³	pai¹
过	那	地方	水	深	那边	去

过水深的那边去。

东兰 2，1497 页：

提	几	近	外	恒
tɯ²	tɕi²	tɕaɯ³	**va:i¹**	hɯn²
燃烧	地方	近的	过	夜

附近的地方燃烧了整夜，

弄	几	强	外	恨
ro:ŋ⁶²	tɕi²	tɕai¹	**va:i¹**	ham⁶
照亮	地方	远的	过	夜

远处的地方整夜被照亮。

东兰 4, 2332 页：

外	色	从	宜	朕
va:i¹	θak⁷	it⁷	ȵi⁶	dɯən¹
过	些	一	二	月

过了一两个月。

　　va:i¹ 可以和别的动词连用组成连动式，如：

东兰 4, 2296 页：

外	月	俾	作	月
va:i³	dɯen¹	pai¹	ɕo⁶	dɯən¹
过	一月	去	接着	一月

经过一个月，另一个月接上。

东兰 2, 1542 页：

外	十	六	丕	涯
va:i³	ɕip⁸	jok⁷	pai¹	jak⁷
过	十	六（日）	去	舀（酒）

过了十六天去舀酒。

东兰 2, 1450 页：

令	斗	怀	那	郎
ram⁶	tau³	**va:i³**	na²	la:ŋ⁶
阴影	来	越过	田	宽大

阴影越过宽大的田峒。

　　同样的例句还可以在东兰 2（1740、1743 页）、东兰 3（2261 页）、东兰 4（2332 页）、东兰 2（1442 页、1444 页）等抄本中找到。

　　我们看到，当 **va:i³** 居于第二动词的位置时，如东兰 2，1450 页的例句，其动词义还在，这时 **va:i³** 是一个表"趋向性运动"的动词。

　　如果连动句中的第一个动词动作性比较明显，占据了谓语的位置，那么 **va:i³** 就在句子中充当次要动词，如：

东兰 3，2200 页：

得	岜	七	外	莫
tuɯk⁷	pja¹	ɕat⁷	**va:i³**	bo⁵
打	鱼	跳	过	泉

打鱼跳过泉水，

得	諾	七	外	孟
tuɯk⁷	no⁶	ɕat⁷	**va:i³**	boŋ¹
打	猎	跳	过	草丛

打猎跳过草丛。

东兰 2，1753 页：

吊	外	百	城	墙
ti:u⁵	**va:i³**	pa:k⁷	ɕaŋ²	ɕiən²
跳	过	百	堵	墙

跳过百堵墙，
……

吊	外	三	卡	達
ti:u⁵	**va:i³**	θa:m¹	ka¹	ta⁶
跳	过	三	条	河

跳过三条河。

东兰 3，1830 页：

黄	義	容	外	坡
vuən²	ŋi⁵	ȵuŋ²	**va:i³**	po¹
王	纷	飞	过	山坡

王飞跃过山坡。

　　当 **va:i³** 的这种语法位置被固定下来之后，其词义就会慢慢抽象化和虚化，即不再作为谓语的构成部分，而变成了谓语动词的修饰成分或补充成分。这样，由词汇单位变成语法单位，va:i³语法化为趋向补语。

如果 **va:i³**前面的谓语不是动作性动词，而是表程度、性状的形容词，**va:i³**后面的成分也不是地点或时间名词，**va:i³**就不再是补充说明谓语在空间、时间上的移动，那么 **va:i³**的语法功能就会发生进一步的变化，语法化的结果使其最后失去动词的意义和功能，成为具有介引功能的虚词，如：
东兰 3，2218 页：

七	早	松	外	母
ɕat⁷	hat⁷	θoŋ²	**va:i³**	me⁶
七	早	高	过	母亲

（王儿）长到第七天就比母亲高了。

官	奴	分	否	外	而	米
ko:n⁵	nau²	fo:n⁴	bau⁶	**va:i³**	lɯk⁸	bi¹
从前	说	黑	不	过	果	橄榄

先前人们说，没有什么比橄榄果黑的，

官	奴	禮	否	外	博	乜
ko:n⁵	nau²	di¹	bau⁶	**va:i³**	po⁶	me⁶
从前	说	好	不	过	父	母

先前人们说，没有人比自己的父母好。

va:i³至此成了比较句的一个标记。

何霜（2006）分析了壮语"kwa³³"的语法化进程，指出它除了做谓语外，可以做趋向补语、介词、体标记和语气词，这五种用法不是一开始就并存的，做谓语是"kwa³³"的最初用法，其他四种用法是动词语法化的结果，其语法化的路径可能是：动词—趋向补语—介词—体标记—语气词①。壮语的kwa³³是汉语中古借词，麽经里出现了 kwa³³（或别的变体）和民族固有词va:i³并用的情况。有意思的是，**va:i³**也发生了和 kwa³³大致相同的语法化，但前者未能进一步语法化，不能充当体标记和语气词。

以上对麽经的用句保留的语法化痕迹进行了分析。由于麽经是各个时代的语言现象的层加，我们不能在历时的角度对其进行分析，只能从词汇意义入手。词汇的语法化必须满足语义的相宜性。词语词汇义的变迁是考

① 何霜：《壮语 kwa³³（过）的语法化》，《中央民族大学学报》（哲学社会科学版），2006 年第 2 期。

察其语法化的一个有效途径，不能从词汇义角度进行解释的推论是没有说服力的。

与同语支的语言及汉语的比较告诉我们，不同的语言在语法化上表现出高度的共性，某一语法范畴的标记总是来自于某一类或者为数有限的几种语义特征的普通词汇。在满足语义条件的词中，不同的语言也可能做出不同的选择，结果就造成了一种语言的个性。

麽经用句保留的一些语法化痕迹，说明壮语在语法化进程中，从汉语借入一些词，这些词后来就取代了壮语固有词，壮语一些原有的的用法便中止了语法化进程，这就造成了麽经的一些用句在现代口语中很少看到这一结果。

第三节　麽经的语用

语言是一种符号系统，运用语言符号进行具体的言语交际活动就是语用。语用具体表现为在一定的语境条件下，说话人运用语言恰当地表达，听话人准确地理解并积极地回应这样一个动态过程。

语用学作为一个术语出现在 20 世纪 30 年代。它最初是符号学的一部分，研究符号的来源、用法及其在行为中出现时所产生的作用。随着学科的发展，语用学的研究对象还包括语言表达式的使用者及使用的可能语境。语用学发展至今，研究的内容非常庞杂，而且有了自己的分支：纯语用学，描写语用学和应用语言学。

语用研究同一意义上的联系可能有着各种不同的表达形式，以及这些形式所适应的语言环境的差异。由于《译注》只提供了麽经的静态语句，没有交代具体语境，因此对麽经的语用意义的分析造成一定难度。加之学力和篇幅所限，本文不对麽经语用进行细致地分析和研究。本文对语用的认识基于这样一个理论前提：语义决定语法，确定句法要依靠语义，语用是在这个基础上添加一些临时意义。语用表示语言运用者对有关成分的识别与态度。语用结构是由句子的外层结构和内层结构共同组成的。但内层结构是由基本句法结构构成的，其句法特征非常明显。所以，本文所指的语用主要指句子的外层结构成分。"语用成分有三类，一类是信息成分，包括起点和主题，充当起点和主题的实体有时可能和句法有关。另外两类语用成分分别是句子的语篇成分和人际成分。这两者几乎与句法无涉，可说是一种纯语用成分。"[①] 本文从人际成分入手，分析麽经的语用。

---

① 高顺全：《三个平面的语法研究》，学林出版社 2004 年版，第 20 页。

人际成分，用以表达说话者的主观态度、动机或对事物的评议、推断以及对听话者的称呼、提示等目的，与交际双方直接相关。麽经虽然从始至终都是布麽一个人在喃颂，但在壮族的观念中，布麽能沟通神界、冥界，能把人世间的事告知神鬼，也可以把神鬼的言语转述给人们。如东兰、巴马、田阳等地的麽经手抄本里都有这样的记载：布洛陀造出了一摞摞的麽教经书，布麽则是以布洛陀替身和代言人的身份，通过喃诵麽经，为世间芸芸众生驱邪赶鬼，消灾祈福。布麽"能通鬼"，我们尚不清楚布麽在喃颂过程中是否出现神志不清的情况，是否陷入一种迷狂状态而与神灵交流，但麽经文本中是有忽而布洛陀、忽而麽渌甲、忽而亡灵、忽而布麽这些角色人称交替变换的情况的。

如巴马 9，134 页，父子相斗，被打的父亲亲口诅咒发毒誓。天上的两位天神听到后施法于被诅咒对象让咒语应验。去问布洛陀和麽渌甲，两人告诉这位忤逆的儿子个中原因。接着说："你"必须在神庙和神龛前供奉祭拜，才能和父母和解。这一章的最后，布麽说自己的嘴巴黑夜白天都不得歇，现在得抽烟休息一会儿。

田阳 4，2764—2776 页，先是布麽向阴间女鬼诉说家人对她的想念：你的孩子卖田卖塘来赎你的魂，你的孩子在家门口的栅栏那里盼你回家。接着是"塘降"中的女鬼的口吻，叙说不愿回家的理由。然后布麽继续说，极力劝说该女鬼远离"塘降"。如此一对一答，总共六个话轮，女鬼终于被说服，依依不舍地和"塘降"的亡灵哽咽告别。女鬼继续和前来接她的土地神对话，告诉土地"我"的父亲和丈夫太吝啬，以至于"我"被丢下"塘降"，如今"我"感谢土地神有心来找，"我"的祖姓是什么，好让土地带"我"回到祖宗神灵的所在地。

再如《麽荷泰》，2850—2851 页，突然以一个正在分娩的妇女的口吻述说：

把	傀	黄	不	六	单
pak11	khoi33	aŋ11	bo11	lɔk11	piak11
嘴巴	我	憋	撑	生	产

我憋撑嘴要生产，

把	傀	满	六	出
pak11	khoi33	mum11	lɔk11	o:k11
嘴巴	我	咬紧	出	生

我咬紧嘴唇要生产。

接着去问布洛陀和麽禄甲，布洛陀、麽渌甲他们就以一种劝慰的口吻说：

好	勒	栏	好	勒
dai³⁵	zɯ⁴⁴	la:n³⁵	dai³⁵	zɯ⁴⁴
好	啦	侄（孙）	好	啦

好啦侄儿（孙儿）。

布洛陀和麽禄甲继续亲口对人们说话，教给人们应对事件的方法。

《麽荷泰》，2816—2817 页，漢王被祖王设计陷害，在井下央求祖王手下留情，以一种而哀婉的商量语气，一连用了几个"haɯ³³ ma⁴⁴（给吗？）"、"haɯ³³dai³⁵（行吗）"。

祖王无动于衷。接着是漢王发誓到天上后把各种天灾人祸降下人间。祖王无奈，又央求"兄"好好商量。两人达成协议，各做天界地界的"王"。几个话轮过后，布麽的角色人称才出现："我"就一边交代所有的话，尽快做完麽，你们问"我"的"我"恐怕不会，你们问"我"的，神灵不告诉"我"，"我"也不会，嘱托给"我"的那些话"我"可以说，嘱托让"我"收尾，"我"就收尾。布麽在这里，强调自己是神灵的代言人和传话人的身份。

百色 3，女儿投水自尽，母亲哭天抢地，母亲对女儿的亡魂说出一番话。2971—2972 页，血塘的女鬼直接描述血塘生活的快乐情形，3023—3029 页，布麽劝说血塘女鬼离开血塘回到阳间来，女鬼和布麽一问一答，角色不停变换，一会是布麽述说人间亲人的思念，一会是女鬼对人间的恐惧（婆婆太苛刻、丈夫太残暴、劳动超负荷等），对血塘的留恋。最后布麽请来土地神，在土地神的带领下，女鬼走过泉水和渡口，回到祖先灵魂的所在地。

不少麽经抄本，布麽喃颂完一章之后都要说：这章喃颂成这样，不对的请祖公莫见怪，请祖公更正。或：麽（我）休息一会再继续。这已经是把神灵当作实际存在的交际方了。因此可以说，麽经文本呈现出多个交际方。文本中存在相对完整的基本的话语交际过程。这个过程从信息论角度看，具有编码、输出、传递、接收、解码、反馈六个环节。图示如下：

```
 ┌─────────────────────────────────────────────────────┐
 │                                                       │
 └→ 发话人编码 → 输出 …… 传递 …… 受话人接收 → 解码 → 反馈 ┘
```

在"布麽能通神鬼"这一观念背景下，布麽一人充当多个角色，这些角色特征都深刻地制约着交际活动。这种制约作用，不仅体现在发话人必须针对受话人的角色特征来组织话语这一必然要求上，也体现在受话人必须根据发话人的角色特征来理解话语这一重要过程中。假想的交际方遵循着这一交际原则，使得麽经的口语体色彩很浓，表达平易明晰、自然生动。一人充当多个角色，"多声部"的特征也使得麽经具有较强的感染力。从中我们可以看到后来的师公戏、壮戏的雏形。李斯颖（2012）参照格雷马斯的六个行动元概念，将布洛陀神话叙事的行动元划分为：主体：布洛陀；客体：世界；发送者：壮族民间信仰；帮助者：布洛陀的助手；接受者：壮族民众；反对者：布洛陀的对手。行动元之间形成了严密的网络和结构，构成意义完整的叙事世界。布洛陀神话叙事的角色各有其独特的寓意和历史内涵，各角色之间的关系造就了叙事得以展开的基础，他们之间的相互帮助、制约的均衡关系，在一定程度上反映了壮族先民对于现实世界关系的理解和把握，并从这种关系中表达出他们对于世界的理想和渴望。①

　　《译注》没有交代特定语境中发生的法事表演事件和实际动态交流过程的描述，因而未能展示叙事的动态表演过程和文本化过程。但我们仍可以从内容上分析表演者和听众之间的交流与互动关系。如东兰 2 的"蠢笨女子春米尾碓顶破天造成下界大乱"、"女人族迎风受孕生儿"等故事的叙述，与宗教仪规、道德劝喻也没有直接关系，更多的是一些远古逸闻趣事②，所起的作用显然不在于"娱神"，而在于"娱人"，和神鬼的交流固然重要，但也不能忽略现实的听众。布麽考虑到周围的人们，为引起他们的注意和兴趣，加入了一些逸闻趣事，以达到和听众的交流与互动，这就使得宗教活动具有了一些世俗的意味。

　　麽经常见的人际成分有以下几种：

　　（1）语气助词。总的来说，麽经的语气词是比较少的，但为了表达说话者的情绪和口气，也会使用到一些语气词，表达陈述（确认、肯定）、疑问、反问、祈使、感叹等。如东兰 5，1878 页，"te¹lə¹ɕun³luɯk⁸ŋɯək⁸daɯ¹θiən¹ta:u⁶ra:i⁴/他确实是仔喃沤真的（表确认、肯定）"；那坡本，2939 页，"kei⁴ka⁶ni¹kau¹ja⁴ko:n⁵tse²/现在这事情我已经说在先了（表确认）"；田阳 4，2694 页，"ɕa²kuək⁸ma²je¹jɯ²，tuɯ²kuək⁸ma²je¹tɕa¹ /查什么呀鱼，问什么呀鱼（表疑问）"巴马 1，299 页，"ma¹ puəi³hon¹ /回来吧魂（表祈使）"；《麽荷泰》，2882 页，"pai³⁵le⁴⁴muɯŋ⁴⁴tɕuan³⁵muɯŋ⁴⁴，hau¹¹le⁴⁴muɯŋ⁴⁴ma⁴⁴/去呀你辗转地方，说到呀你回来（表祈使）"；东兰 2，1545 页，"va:i²θe:ŋ¹suk⁷ɲi¹rau⁶jo⁵haɯ³/母牛生崽辛苦多哟咳（表感叹）"

---

　　① 李斯颖：《壮族布洛陀神话叙事角色及其关系分析》，《民族文学研究》2012 年第 1 期。

　　② 黄伦生：《〈布洛陀〉与民间文化叙事》，《民间文化论坛》2006 年第 1 期。

　　（2）呼应语。包括呼应或应答的词语。如东兰 2，对祖先的呼语："u⁵ɕe⁵tɕuəŋ¹u⁵/呼呀祭奠祖先呼呀"；"ɕe⁵ja⁵ɕe⁵ja⁵/祭呀祭呀（或：社神呀社神呀）"。

　　（3）插入语。有包括表示推测和估计的，表示肯定和强调的，表示意见和看法的，表示信息来源的，表示引起对方注意的等等。如东兰 1，2042，2048，2060 页，行文中插入"打拉查查/ ta³la³ɕa⁵ɕa⁵"这么一句，以引起听者的注意。东兰 3 则是在行文中插入一至五个"社/ɕa⁵"以表示叙事的递进或转移。

　　麽经采用宗教或准宗教的戒律和传承方式，经过神职、半神职人员的演述，得以保留了具有相当历史的叙事文本和叙事传统。麽经通过不同的交际方和各种人际成分，从不同的角度来组织语义内容的形式手段，以此来强化限定或扩展肯定或异化其中的某些信息，达到较为合理的组织话语的目的。交际作为语言的载体，与文化深层次结构中的价值观体系有着紧密的联系。如能对语用背后的环境文化、价值观体系进一步研究，将会极大地推进研究的深度。

第五章　麼经的文化语言学透视

　　语言是文化的载体，更是文化的重要组成部分。语言代码不仅仅表示单纯语言学的符号意义，而是蕴含着复杂的社会因素和深刻的文化意义。文化是人类在社会历史发展进程中所创造的物质财富和精神财富的总和，每个民族在历史发展过程中都会形成自己的文化系统，这个系统的特殊性在语言上得到充分的表现。从表面上看，麼经使用的是超然的宗教语言，强调的是人神相通的技巧，但如同其他所有的文化创造一样，民间信仰的任何内容和意义的转换，都有其社会生活变迁的现实基础。麼经不是有意识地记录历史，但它积累了不同历史阶段的沉淀物，保存了许多古代文化的遗迹，这就给我们展现了为研究壮族古代历史提供了极为宝贵的资料。当然我们不能把这些想象等同于历史，它固然有某些历史的影子，但任何神话都是"人民幻想中经过不自觉的艺术加工过的自然和社会形态本身。"[1] 因此，透过麼经的表层叙述，我们可以探究其更深层次的意蕴，得出的结论，并不能和历史上的真人真事一一比照，严整对应，但它仍是历史信息的记录。

第一节　壮族社会演变的"全息记录"

　　麼经既有远古社会面貌的投影，又叠印着阶级社会的发展轨迹。

　　麼经对人类远古的想象是这样的："从前未懂造火，天下冷如冰，天下凄冷如水（巴马10），人像猴子一样吃生果，像乌鸦一样吃生肉，像水獭一样吃生龟（巴马11）。"这些内容记录了壮族先人经历的生食的非文明时期。

　　麼经有多个抄本提到古时有一个妇女部族，妇女三月去山坡迎风受孕的情节。如东兰2，女子受孕后生出无天灵盖和手脚的婴儿。拿到田峒去丢弃，乌鸦、老鹰、虫子来保护，不久婴儿变成五官和四肢齐全的王子，成为打猎能手。人们非议他是个无父之子，他告诉母亲，母亲说，我是单身老姑婆，是土地神叫我到这里来，原不知拿什么来受孕，难道娘身贱儿也

---

① 马克思《〈政治经济学批判〉导言》，《马克思恩格斯选集》（第二卷），第113页。

贱吗？

　　这里边有三个不同社会阶段的信息的叠加：（1）妇女部族，女子迎风受孕，是母系氏族社会"只知其母不知其父"的反映。（2）婴儿变成王子，和族人去打猎，表明进入父系氏族社会。（3）人们对没有父亲的孩子非议讥笑，表明人们对非婚生子女的歧视。"娘身贱儿也贱"，这已经是妇女社会地位低下、封建伦理道德得以建立的体现了。

　　麽经也有对兄妹姑侄婚配的情节描述。如东兰1，古时洪水滔天，下方天地全被淹，只剩兄妹两人，迫不得已结成夫妻。《麽荷泰》，洪水过后，只有藏在葫芦里的姑侄二人幸存下来。布洛陀让他们婚配。这些在文明社会看来违反常伦的东西，其实是对远古时期血缘婚阶段的追忆。

　　兄妹婚神话，或称"兄妹始祖型神话"，是世界范围内流传相当广泛的著名神话类型，杨利慧（2005）依据自己近年来所搜集的 418 则兄妹婚神话，同时参照以往其他学者的概括，将中国各民族流传的兄妹婚神话的一般情节结构构拟如下：

　　1. 由于某种原因（洪水，油火，罕见冰雪等），世间一切人类均被毁灭，仅剩下兄妹（或姐弟）两人。

　　2. 为了重新传衍人类，兄妹俩意欲结为夫妻，但疑惑这样做是否合适。

　　3. 他们用占卜的办法来决定，如果种种不可思议的事情（滚磨、合烟、追赶、穿针等）发生，他们将结为夫妻。

　　4. 上述事情发生，于是他们结婚。

　　5. 夫妻生产了正常或异常的胎儿（如肉球、葫芦、磨刀石等），传衍了新的人类（切碎或者打开怪胎，怪胎变成人类或者怪胎中走出人类）。[①]

　　麽经的兄妹血缘婚大体符合这个情节结构。麽经的异文性在于，是布洛陀让兄妹俩结为夫妻的。这里边不可抗拒的权威性，消解了情节的尴尬和不符合伦常的色彩。在汉民族中，尤其是在中原一带，兄妹血缘婚姻缔结之后，繁衍人类的方式有时变成了捏制泥人，这在故事自身发展的逻辑上是存在着一定的矛盾的，有学者认为，这一矛盾出现的原因，是由于是在长期传承的过程中，受了后起的族外婚、封建时代森严的婚姻制度及其伦理观念（同姓不婚）等的影响，而使兄妹婚神话的面貌、性质起到了或小或大的变化。[②] 与之相比，麽经的此类神话并没有表现出极强烈的反对血缘婚态度，这也从侧面反映了麽经成书的年代，壮族社会没有受到汉族封建时代森严的婚姻制度及其伦理观念的深重影响。

---

　　① 杨利慧：《民间叙事的传承与表演》，《文学评论》2005 年第 2 期。
　　② 钟敬文：《洪水后兄妹再殖人类神话》，《钟敬文学术论著自选集》，首都师范大学出版社，1994版，第 229—230 页。

食人习俗在麼经里也有反应。麼经塑造传唱了一个易旧俗的人物"吝"。如东兰5：从前未有丧葬仪规，鸟死鸟吃毛，人死人吃肉。吝去山上砍柴，见母牛生崽痛苦翻滚，回家告诉母亲，母亲说自己当初生吝的时候更痛苦。后来母亲死了，吝用木板棺材收殓母亲，杀牛杀羊给众乡亲吃。又请布道布麼来超度亡灵，祭孝七天，报答母亲养育之恩。

东兰2也有对"吝"的传唱。情节和东兰5的大抵相同，稍有差异的是结尾处：乡亲们吃完水牛肉后回去了，但还有两个恶鬼赖着不走。吝就敲打铜鼓赶跑恶鬼。吝在为母守孝期间，不得唱歌敲鼓，不得梳头，不得戴手镯耳环，不得喝酒吃肉，不得下田耕种，直到守孝期满，请布麼来举行脱孝仪式，才能恢复正常生活。

关于"吝"以牛（或羊）代替死者请客吃肉革除食人风俗的说法，有受汉族二十四孝中董永传说影响的痕迹，也可能反映了壮族历史上曾经有过食人俗，麼经的描写是对这一习俗的追忆。"吝"对母亲的收殓下葬，属于土葬。壮族传统葬制主要包括土葬和火葬两大类。火葬主要在清中叶以前盛行，上林县"明末国初，邑中往往有火化之举。父母殁，即积薪焚化，收拾灰烬，装以瓦罐而葬之"①，南丹、东兰等县在乾隆以前，"亲死俱火化"②，上思州于道光前"城则以土葬之，乡则以火葬"③云南省广南、开化等地的侬人、沙人道光时仍"死用火化，不葬不祭"④清中叶以后，关于壮族火葬的记载逐渐减少。壮族的土葬也主要是二次葬（又称捡骨葬），这些都在麼经里没有得到反映。麼经对"孝子"的守孝倒有较为生动的描写，可看出受汉族的明显影响。这个变化发生在明清时期。统治者在壮族地区极力推行民族同化政策，"（左州）俗多火葬，方图刊家礼等书劝谕，俗为一变"。⑤正是这一时期，汉族的丧葬、守孝等习俗在壮族地区得以传播开来。

原始社会末期，出现了私有制，部落间为了争夺财产和地盘进行了激烈的兼并战和掠夺战。麼经对战争的描述是能俘虏奴隶、美女、掠夺耕牛、衣物和银钱，并以之为荣。经文体现了对这种征战的歌颂：王攻城寨全攻下，王撬寨墙全倒塌，征战中掠得三千件衣服，水牛黄牛若干，掳得白脸

---

① 光绪《上林县志》，转引自方素梅《近代壮族社会研究》，中国社会科学出版社2003年版，第225页。

② 乾隆《庆远府志》，转引同上。

③ 道光《上思州志》，转引同上。

④ 康熙《师宗州志》、乾隆《开化府志》及道光《广南府志》，转引同上。

⑤ 光绪《广西通志辑要》卷一〇《怀集县人物》，梁方图条。转引自苏建灵《明清时期壮族历史研究》，广西民族出版社1993年版，第98页。

男奴，俘得红脸女奴，王又乐得笑哈哈……这是一种对攻城掠寨、掳掠战争果实感到欢欣的心情和尚武习俗的体现。

　　麽经还描写了壮族历史上从没有统治者到出现统治者的过程。如巴马 4 的描述，从前既没有头领，也没官。说的正是原始的民主社会，所有的人都平等共处于一个没有权力争夺的大家庭里。随着天下人的不断增多，出现了不公和争斗。天下无人管理，天下不成章法。到处乱抢又乱吃，天天互相打斗。于是布洛陀造一个人来做主，造一个人做王。后来又造土官（θai⁵）来统领天下。麽经对此进行了描述：把恶人拿来上枷，坏人拿来捆绑。天下从此才有主，众人的事才有人管，出了事有人来治理，好事有人来夸赞，专搞坏事的人没有了，互相打斗残杀的人没有了，坏人和横蛮的人没有了，到处乱抢乱吃的人没有了。天下顺服软和像糍粑。在壮族人民的意识中，社会秩序正是由土官来调整的。有了管理者，天下太平，不再有激烈的抢夺拼杀，这也可以看成是壮族先民朴素的社会理想和愿望。

　　麽经也提到了为争官印而反目成仇的兄弟、作战英勇的"祖公"和"王曹"等。这些都是土司统治时代为争夺土司继承权、土司之间势力范围不断扩大引发的战争。战胜方、势力强大的一方接受败者进献的铜鼓，中央朝廷为加强对土司的控制，尽量加大对土司的招抚。如巴马 4，105 页，上面王（vuəŋ²kɯn²）送来绘有铜钱花纹的铜鼓，下面官府（ha:kʼla³）送来米粮，"大人（pu⁴ la:u⁴）"每日摆桌喝酒，每日入朝三次。这不是凭空杜撰的。明代，田州（今广西田阳）、镇远州（今广西天等）和凭祥县（今广西凭祥）的土司确实进京受职。还有有些土司家族中人不知通过什么途径做到了京官①。

　　麽经还谈到皇帝、流官和土司。众所周知，土、流并存的双重体制是明中叶以后，由于开始在部分土司统治的地区实行改土归流才出现的，到雍正年间大规模的改土归流宣告实施，至此土司势力已经名存实亡。凡改流之处，正规学校必随之建立。统治者令土司"悉遣子入学"，推广汉文化教育，其目的是"训官男以移土习"，学校教育只为土官、土目、官族的子弟服务，于是就有了这样的经文：

东兰 2，1520－1521 页：

怪	本	力	仆	些
kva:i¹	pan²	lɯk⁸	pu⁴	θai⁵
乖巧	如	儿	那个	土司

乖巧如土司的孩子，

---

① 苏建灵：《明清时期壮族历史研究》，广西民族出版社 1993 年版，第 91 页。

美	本	卜	壮	元
va:i³	pan²	pu⁴	ɕa:ŋ⁶	n̠uən²
欢乐	如	那个	状	元

快乐如那个状元。

　　土司的孩子是乖巧的，中了状元是快乐的，可看小，广大平民对此的羡慕向往之情，可见一斑。

　　从原始社会到改土归流的明清，壮族社会的发展在麽经里都有体现。麽经还有对伦理道德观念的描述，其中有议事、风俗习惯、爱情和如何处理好父子、婆媳、兄弟关系等生动的描写，展现了壮民族的伦理道德倾向。

　　麽经中伦理观最突出、最基本的内容就是尊老重孝，麽经的很多抄本多处提到：老人的嘴里藏有鬼神，老人的话就是宝，老人的话就是药。时时提醒做儿女晚辈的要尊重老人，说话不能顶撞老人，不能对老人粗言秽语。尊重老人还表现在推举德高望重的老人为部族或村落的头领。遇重大或紧急的事常常听取老人的意见。"村里有王便问王，村里有老人便问老人。"老者与首领并列，可见老人有相当的社会地位。

　　麽经有相当多的内容是唱述父母与儿女之间及兄弟之间等家庭内部的伦理道德风尚，如巴马 3，《解父子冤》中的儿子贪玩懒惰，辱骂父亲，打杀父亲，结果就受到了断子绝孙、灾祸横生的报应。直到他后来杀猪祭供父母亡灵以示悔改，才过上了好日子。《解婆媳冤》中对不敬老人、不养父母、没有良心的不孝女儿和儿媳也同样给予了严厉的谴责，体现了普遍的重孝伦理观念。这些事例教诲人们：只有孝顺父母，子孙才会发达兴旺，如果不懂礼法，忤逆父母，则要受到上天的惩罚。

　　麽经的多个抄本提到了"漢王"和"祖王"两兄弟的争斗。两人是同父异母（或异父异母）兄弟，漢王是长子，祖王是幼子。他们之间的纷争是多妻制导致的子嗣对地位、财产的争夺的体现。和汉族多妻制下庶子命运的悲惨不同，麽经里是作为长子的漢王遭受种种不公平待遇。如巴马 11 "大四造叭"和田阳 7 中，做弟弟的祖王理所当然地享受种种优待：漢王造塘造田，祖王养鱼收谷；漢王娶妻，祖王去同睡；漢王生儿子，祖王拿去做奴隶。这些行为竟然得到父母的默认。有人考察在先秦时代楚人曾实行少子继承制，认为"楚国之举，恒在少者"。[①] 深受楚越之风影响的古代壮民曾有重少者之俗当是属实的。幼子继承制是氏族社会末期的产物，这与

---

　　① 吴永章：《中国南方民族文化源流史》，广西教育出版社 1991 年版，第 421 页。

中原汉族实行的长子继承制及"长兄为父，长嫂如母"的风俗迥异。这些都是壮族社会曾经存在的重少者之遗风的折射。

漢王和祖王的纷争的结局是漢王被打死或被陷害致死（如《麽荷泰》）。漢王到了天上放下各种殃怪祸及祖王管辖的地盘，祖王最终受到了上天的责罚，体现了这样一种道德观：兄长是应该尊敬的，欺负兄长，天理难容。麽经以此劝谕世人：不要欺侮兄长，否则会招来灾祸报应。广西的抄本（如巴马8和田阳7）则把漢王和祖王的故事进一步发挥，在"漢王申冤报仇"之后多了两人"解冤和好"的结局。两人成为壮族社会中解决人际关系的典范，被尊为神，布麽在做调解家庭纠纷、社会人际关系矛盾时必须恭请漢王祖王亲临。这是对和谐的人际关系的极大推崇。

漢王和祖王的故事同时又反映了后母与前妻的儿子之间的矛盾。后母偏袒祖王，千方百计虐待漢王，存心谋算和杀害前妻的孩子。在人类历史上，继母虐待前妻的子女是一种比较普遍的社会现象。继母何以如此歹毒凶狠，人们普遍认为是源自于两性情爱中女性的极度妒忌、人性的卑劣基质以及再婚女性在父家的地位、家庭财产的继承分割等诸多社会问题。广西的抄本中是继母，云南抄本中则是多妻中较受宠幸的某个妻子。麽经对于这类母亲并未进行谴责和贬斥，也许是麽经产生的年代，人们对多妻制的宽容，也许是麽经并不侧重对这类母亲的道德进行劝诫和规范。

壮族社会婚配习俗的演变，麽经也有表现。东兰3，女人部落的女王织红头巾到泉边祭水神，引出红虾、螃蟹来做"丈夫"而怀孕。巴马7和田阳4，姑娘和水神峝泥定终身，织出头巾给峝泥系上。头巾为女子自织的珍贵定情物，要了头巾就算结成夫妻。这是对偶婚时代遗俗的反映。巴马8讲述了王的前妻死后，请媒婆到寡妇家去做媒到结婚的过程。媒婆第一次去说是来借谷种，结果被拒绝；媒婆第二次去对寡妇家说要借蓝靛种，又空手而归。媒婆第三次去，选了个良辰吉日，和寡妇的父母说了王守鳏六年辛酸孤苦的事，寡妇的父母请媒人吃饭，开箱要八字，开笼要命书，开列生日时辰，媒人回到家，去叫村中老道公，要八字来合，八字命书正相配，日月时辰正相合。上述描述中，我们看到了当时壮族的婚嫁有一套礼仪，结婚要奉媒妁之言、父母之命，婚礼要选吉日，对八字，要有彩礼等等，这些做法与汉族习俗很相似，这已经是近代壮族的婚姻程序了[①]。

值得注意的是麽经中还有对不合伦理的性关系的描写和批判，麽经中普遍提及：从前蚂拐和青蛙交配，黄牛和水牛相交。那时人间没有伦理，世上还未曾立规矩懂道理。那时家公与儿媳共枕席，那时女婿和岳母共床

---

① 方素梅：《近代壮族社会研究》，中国社会科学出版社 2001 年版。

眠，大伯与弟媳同睡。把这些不正当的性关系堂而皇之地写入经书并喃颂出来，这和汉族只限于乡间深宅院内的成年人中隐秘承传这些乱伦故事形成鲜明对比。[1] 麽经提到这些，并告知相应的习俗禁忌：不要叉开腿在公公面前烤火，不要腆着大肚子在大伯面前走过，不要和公公同站，女婿与岳母之间避免单独在一起。民间存在这些习俗规范，其实是某种性禁忌，而这种性禁忌曾是"未开化民族最严格的礼仪法规之一"，[2] 它从一个侧面反映了人们对原始时期的乱伦的深切的耻辱感。弗洛伊德指出这种禁忌"主要是人类对其早期的乱伦愿望感到厌恶的一个产物，而这种愿望现在则被压制下去了。因此，如果我们能够证明这些后来注定要变成潜意识的乱伦愿望和那仍被视为直接的危险并需要运用最严厉的手段来防范的乱伦愿望是同一回事，那么，我们的研究就并不是毫无意义的。"[3]

　　表面看来，麽经叙述的"前代"内容是违背人伦的，是"祖公"未教会人们伦常之前的一种混乱秩序。但是，"前代"和"后世"之间的这种距离，有时候却又似乎呈现出一种深层的内涵与精神，反映出某些已知的历史实况或生活想象。麽经就这样用宗教禁忌和神灵惩戒的方式来协调人伦规范，它用一个个"前代"的故事来劝世谕人，来强调神对违反人伦道德的言行进行惩罚。需要强调的是，本文探求麽经背后的"历史全息记录"的动机，不是源于壮族历史建构的需要，因此所提出的各种诠释、说法，都只是一种求索文化记忆的结果；"记忆"中的事情未必是真实地发生过的事情，但是"记忆"本身却可以是"真实"的，足以影响到人们对于现实的认知。麽经所表现的内容，是一种文化记忆中的"真实"。这样的真实，反映着某一个特定的时空下的集体认同。在"前代"的顽愚和"后世"知礼节的对比中，麽经为我们从本土视角探讨壮族社会历史文化提供了丰富的原始素材，让我们看到了壮族社会从"化外"到"化内"的发展过程。

第二节　麽经里的民族关系

　　人类的发展伴随着各种领域交往关系的扩大，对这类关系从族体视角划分或观察，就可以统称为民族关系。有论者将民族关系分为四个方面：（1）占统治地位的民族的统治阶级和本民族的人民及其他各族人民间的关系；（2）处于被统治地位的各民族的统治阶级或上层集团各自和本民族人民及其他各族人民间的关系；（3）处于不同地位的各民族的统治阶级或上

---

① 江帆：《民间口承叙事论》，黑龙江人民出版社 2003 年版。

② 费雷泽：《金枝》，中国民间文艺出版社 1987 年版。

③ 弗洛伊德：《图腾与禁忌》，赵立玮译，上海世纪出版集团 2005 年版。

层集团相互间的关系；（4）各族人民相互间的关系。[①]

　　民族关系有多种表现形式，有以民族群体（或其部分）交往的形式表现的民族关系；也有以不同民族成员之间相互交往中表现的民族关系；还有以曲折的方式表现的民族关系。[②]

　　民族关系的基本表现形式是民族群体之间的关系。麽经在很多方面反映了民族内部及民族间的交往及其关系。

一、和汉族及中央王朝的关系

　　和汉族历史上的"华夷有别"观念不同，麽经表现了一种"华夷一家"的思想。麽经对此的想象是这样的：盘古、霹雳划定了天下十二个部落，天下百姓各属其主，各遵其规，其中两个王去教化汉人：

巴马1，310页：

双	甫	丕	尊	郝
ɬo:ŋ¹	pu⁴	pai¹	ɬo:n¹	ha:k⁷
两	人	去	教	官人

两个王去教化汉人。

　　汉人和"我们"一样都是天下百姓，都是盘古、霹雳的子民。汉人也是在"王"的管制教化之下才懂规仪知礼节。巴马3，从前有六个兄弟，一个到天上做雷神，一个到下界做水神，一个去当兵贼，一个去做工匠，一个去做汉人，一个骑马去游荡，汉人和我们是同宗兄弟。这是一种"华夷一家"的朴素思想，还没有表露出"汉"强"我"弱的民族自卑心理。壮族作为岭南的主体民族，迁入的汉族或形成小规模的聚居点，或分散在数量上占优势的壮族之中，有的甚至融合进了壮族里面。《万历野获篇》卷三〇说："赵（天赐），本江南女优，游粤西，见嬖于土酋，因得袭职。……夏而变于夷。"光绪《新宁州志》卷四说："新宁（驻今广西扶绥）本诸苗地，然遍询土人，其远祖自外来者十之八九。"排除其中附会的成分，有一部分土人确系外来汉族融入是可信的。[③] 明代以前中国历史上的几次汉族移民高潮中，广西并不是汉移民的主要移民地区。进入壮族聚居区的汉民族，大多融合进了当地的各个不同的族体当中。对于仍然聚居在小规模聚居点的汉人，壮族是抱着一种平等对待的心理的，表现在麽经里，就是"客

　　① 侯哲安：《论我国民族关系的发展》，翁独健主编《中国民族关系史研究》，44页，中国社会科学出版社1984年版，第44页。

　　② 金炳镐、青觉：《论民族关系理论体系》，《中南民族学院学报》2001年第6期。

　　③ 方素梅：《近代壮族社会研究》，中国社会科学出版社2001年版第89页。

人"、"我族"都是天下十二部落的子民的观念。

到了阶级社会，各个不同族群之间的矛盾与冲突凸显出来。如巴马 1，父王去打贼，打"贼官（ɕak⁸ha:k⁷）"打不赢他们，撞他们的城墙撞不垮。在"奸王茫"和"奸王母"的帮助下，王攻破"贼官"的城墙，抢得白脸奴隶，抢得红脸姑娘。百色 3，女儿的父亲去讨伐蛮贼，女儿的丈夫去讨伐官人。《呃兵楝座攺科》861 页，父王去打强盗，"打贼官（ɕak⁷ ha:k，汉人）也赢"，"打摇（ji:u² 瑶人）就得摇"。935 页，布麽有了铜刀，"打贼官府（ɕak⁸ ka:k⁷）也赢"，"打贼京（ɕak⁸ kiŋ¹）也败"。这些信息透露了对汉族的敌对和争战。攻破"贼官"的城墙，指攻克汉族在囤军基础上建成的市镇；"贼京（ɕak⁸ kiŋ¹）"，指京城兵勇，和京城兵勇的对抗，反映出已经是和中央王朝的对峙关系了。随着中央王朝对广西壮族地区的统治的逐步加强，历代中央王朝的专制统治及其所采取的民族歧视政策，壮民族和汉民族的敌视和冲突显现出来。这些抗争或者表现为民族冲突，或者表现为农民起义。例如，元朝统一后，在广西大力推行土官制，对少数民族开始"括户口立赋税"，还实行民族歧视、民族压迫政策，激化了原有或潜在的多种矛盾，使民族关系变得紧张。《元史》记载的广西农民起义就有 30 多起，几乎伴随整个元朝，小规模的民族冲突就更不用说了，麽经提到的和"贼官"、"贼京"的争战就是一个折射。

再如百色 2，1330—1334 页，"王曹"骁勇的名声传到了下方官府（ha:k⁷ la³，指南宁路的官府，因管辖右江各州的南宁路的官府设于左右江汇合的邕江，位于南边下游，故称）那里，下方官府来文书调遣"王曹"去打官人（ha:k⁷）。"王曹"出征，与强大的蛮人（pu⁴ ma:n²）交战，"王曹"被围，战死在官府城墙脚下（tin¹ ɕiəŋ² pu⁴ ha:k⁷）。谁来调遣？与谁战？战死何方？这里面透露出了叙事的混乱。其实这种缺乏理性和逻辑性的讲述，恰恰是多种历史信息的杂糅。一方面，下方官府来请"王曹"去打另一个官府，这是汉族地方势力相互征战、掠夺地盘的折射。"王曹"为之征战，正是土司制度下壮民族为汉族政权奔走卖命的写照。但"王曹"出征，却又不是和"官人"直接对战，敌对方被置换成了"蛮人"，正是壮民族归顺于汉民族的表现："王曹"是不能和代表统治力量的"官人"对战的。然而"王曹"终究还是战死在"官人"的城墙脚下，还是透露出了壮民族对汉民族（或中央政权）的臣服、壮民族的反抗终于走向失败的信息。历史对此的一个绝佳注释是宋朝的侬智高起义。唐末五代，交趾独立。边疆问题随之产生。宋王朝在解决民族关系问题的同时，还要解决边疆问题。积贫积弱的宋王朝处置广西边疆问题的基点是尽量避免交趾李朝寻衅生事。当时傥犹州（今广西扶绥县地）屡遭交趾李朝的侵扰，土酋侬全福及其子智聪惨遭杀害，当武勒州（今广西崇左县）地阿侬与其子侬智高据傥犹州后，李朝又出兵傥犹州，擒侬智高，接着擅自任智高为广源州（今越南高平省广渊）知州。对于交趾李朝的利诱威逼和军事压力，侬智高不向外力屈服，多次向宋朝要求内属。然而，宋王朝企图以承认交趾役属广源州，牺牲边疆民族首领内附中央的正当权利的让步政策，换取广西边疆的安宁，拒绝侬智高要求内附的愿望。侬智高在求内附不得的情况下，于皇祐四年（1052）揭竿而起，横扫两广，建立了"南天国"。由于宋王朝对边疆问题处理不当，酿成了一场声势浩大的民族反抗斗争。壮民族对中央王朝认同和抗争并存的矛盾心理，造成了麽经在叙事上的混乱。

　　在与汉族的接触过程中，来自强势文化的价值逐渐成为壮民族进行民族性定位的重要参照系，认知、建构民族自我形象时开始寻求来自"中心"的认同。如巴马 3，431－432 页，祖公打官贼（ɕak⁸ha:k⁷）也赢，打京贼（ɕak⁸kiŋ¹）也垮，下方官府（ha:k⁷la³）来请，广西上来调兵。调去打京贼，雇去打官贼。打垮打赢官贼和京贼以后，下方官府赏赐总兵，朝廷赏赐名誉。祖公每日进入朝廷三次，每日拉二胡饮酒。这里的"京贼"已经不是中央朝廷的军队了，而是反朝廷的叛军。"祖公"奉命讨伐之，保家卫国，获取朝廷的赏赐，成为朝廷官吏。由此可见处于边缘的壮族在不断地主动寻求"内地化"，并在"内地化"的过程中不断地建构符合"中心"传统的关于"国家"的想象和认同。

巴马 4，181 页：

許	劲	利	成	旧
haɯ³	lɯk⁸	di¹	pan²	kau⁵
让	儿	好	依	旧

让孩子和以前一样好，

利	成	劲	甫	郝
di¹	pan²	lɯk⁸	pu⁴	ha:k⁷
好	像	儿	人	官

像官人（汉人）的孩子一样好，

央	成	劲	甫	農
a:ŋ⁵	pan²	lɯk⁸	pu⁴	noŋ²
乐	像	儿	人	侬

像侬人的孩子一样快乐。

巴马 11，619—620 页：

出	貧	伝	良	利
$\mathfrak{c}\mathrm{ut}^7$	pan^2	hun^2	lian^2	li^6
造就	成	人	伶	俐

造成伶俐的人，

利	貧	劲	甫	郝
di^1	pan^2	luuk^8	pu^4	$\mathrm{ha:k}^7$
好	如	儿	人	官

和官人（汉人）的孩子一样好，

耗	貧	劲	总	州
$\mathrm{ha:u}^1$	pan^2	luuk^8	$\mathfrak{c}\mathrm{un}^3$	$\mathfrak{c}\mathrm{u}^1$
白净	如	儿	官	州

像州官的孩子一样白净。

　　以上例句表达了对汉人及州官子弟的艳羡、向往，字句间流露出"慕汉"之情。汉人、州官子弟之所以尊贵，是因为他们能接受教育，懂诗书礼仪。经过秦、汉以来一千多年的交往、交流，又经过历代反抗的失败后，壮民族对于较先进的汉文化是接受的。如明万历二年（1574 年）阳朔壮人反抗被平定后，"诸僮帖然悔惧，遣子就学者十有九人"。[①]从具体的战略内容看，历代王朝都把教育放在优先发展的位置，试图通过开学堂、兴书院，把少数民族的意识形态按照封建纲常加以改造，以纳入封建秩序，因此历代王朝在发展教育上都很主动。接受了汉族文化的壮民族，对自身的民族背景感到自卑，对汉族的子弟倍感仰慕。先是官族中"汉裔"观念生发开来，伪造家谱盛行。如明代的岑氏土官声称始祖为岑仲叔，浙江余姚人，"智勇并善，兼歧轩术"，是随狄青征依智高后"留仲叔治永宁军，加银青光禄大夫，都督桂林、象郡诸州兵马，以萧注为副，知邕州"，又说高母入特磨道后"仲叔与余靖、孙沔发兵讨之，屡战屡捷"，"帝嘉仲叔，晋爵粤国公，镇守邕管"。但岑家在明代时因冒籍被揭发[②]。明成化、弘治年间贺县有李

---

　　①（明）郭应聘：《西南纪事·平阳朔金宝顶》，转引自苏建灵《明清时期壮族历史研究》，广西民族出版社 1993 年版，第 79 页。

　　②《明史·列传第二百七·广西土司三》，转引自苏建灵《明清时期壮族历史研究》，广西民族出版社 1993 年版。

福边、韦父成、李贵等人卷入"诈冒皇亲"的活动[①]。不仅官族如此，这股风气还侵染到了平民当中。近现代很多壮人流传自己先祖是北宋时随狄青进入岭南的北方汉人。把镇压了本民族起义的汉族将领当作自己的先祖，这里边有避免民族迫害而采取的策略的因素，更有一种民族自卑感和倾慕"汉风"的心态。麽经虽然没有宣称"祖公"是"汉裔"的记载，但对"汉裔"的羡慕已经表现了出来。

从倾慕到和平相处，则是与汉族关系发展的最后阶段。如百色3，土地神骑马分别来到"甫郝"、"甫空"的领地。"甫郝"即讲粤语和桂柳话的汉人，"甫空"即讲蔗园话的汉人。《啞兵楝座爻科》里，孤儿种出的棉花，土司说满意，泗城人要买，甫郝（pu⁴ ha:k⁷）要做成布，甫兖（pu⁴ hoŋ¹，右江河谷壮族对讲蔗园话的汉人的称谓）要做成衣服。那坡本，2916-2921页，天下人们往来做买卖，"客人"（ha:k⁸）来到隘口贩卖货物。客人走了两个月的路程，因灵魂逃逸而患病，死在本地。"客人"的兄弟和大舅子来寻找，把"客人"的遗骸拿回去埋葬。要把"客人"葬在海里，即海葬，表明"客人"的祖籍远在海边。布麽喃诵经文为"客人"的亡灵指路。布麽称"客人"为"老同"（toŋ²），这里反映的是和汉族的交易往来。宋代，经济重心南移，特别是南宋时期，广西的农业、手工业得到了一定发展。在发展的基础上，各民族之间的贸易往来相当频繁。当时广西的南部邕州横山寨、永平寨和钦州三大博易场，是经济贸易的中心。这些贸易点以市马为主，每年秋冬，大批马帮进入桂西经泗城州至横山寨，随之而来的货物还有磨香、胡羊、长鸣鸡、披毡、云南刀及其他药物。除贸易之外，内地农民也纷纷进入桂西开荒种植。粤人大批进入桂西和滇东南，是在明代实行海禁之后。如明末清初，桂西的养利州（今广西大新），便有阮、钟、李、朱、林、胡、周、宁等姓相继由福建、广东等地或做官或经商而迁来。[②]道光《广南府志》也说："楚、蜀、黔、粤之民，携挈妻孥，风餐露宿而来，视瘴乡如乐土。"[③] 清初右江上游和云南交界的剥隘，是广州商人最为集中的地方。这些汉族客旅在壮族地区或开垦或经商，和当地土著的关系总的来说是和平共处的，表现在麽经里，就是没有了敌视对峙的色彩，反过来，他们之间唇齿相依的贸易关系，使得壮民族视他们为"老同"。对客死在壮乡的汉人，壮族布麽还为其亡魂引路，让他们回到海边的家乡。

自秦汉以来，汉族因以命官、征战、经商、开荒等形式来到广西者逐

---

① 苏建灵：《明清时期壮族历史研究》，广西民族出版社1993年版，第97页。

②《广西壮族社会历史调查》第四册，第194页。

③ 道光《广南府志》卷二，转引自苏建灵《明清时期壮族历史研究》，广西民族出版社1993年版，第97页。

步增加，和壮民族交往关系，有和平共处的，有民族矛盾和争斗的。但历史发展的趋势，是壮民族逐渐向国家主体民族靠拢，从"天下一家"的平等观，到矛盾斗争期间的强制同化，再到和平交往期间发生的自然同化，麽经里都有表现。

二、和瑶族的关系

麽经与瑶族有关的记载颇为丰富如：

巴马1，从前人们还未懂造水坝、鱼簾，人们就到山里去，去跟"遥（ji:u²）"学做窝，去和"宗（ɕuəŋ⁶）"结拜做老同。"遥"人有铁矿，"宗"人有木炭。用他们的炭和铁矿学会了炼铁。"宗"人是壮族的一个支系，"遥"即瑶族。

田阳3，794页，从前人们还未懂炼铜，到山林里烧炭，和"堯（ji:u²）"同住，和"宗（ɕuəŋ⁶）"做伴。人们烧木炭制风箱，把铜矿熔成铁水，铸成各种铜器。"堯"也指瑶族。田阳7，漢王和祖王相争，漢王逃到山林和"宗（ɕuəŋ⁶）"、"遥（j i:u²）"一起生活。"布宗"是壮族自古以来的自称之一，目前自称"布宗"的壮人分布在桂北土语区、柳江土语区、红水河土语区一带，而田阳及周边县市的壮族自称为"布土（pu⁴ to³）"。麽经提到"布宗"，似指漢王属于其他支系的壮族，也说明历史上这个壮族支系与田阳壮族有过密切接触。"遥/ji:u²"，原指瑶族，此为右江盆地的人对居住在右江岸土山地区的人所属族别的称呼。壮族一般居住在盆地和平坝地带，瑶族多居于山地，因此壮族习惯上把居住在山地的人们都称为"遥"。

东兰2，1448页，提到瑶族的时候用的是"猺"。"猺蛮反猺怪"，即瑶民相攻。

瑶族的渊源与秦、汉时期湘西、黔东的"南蛮"有关。"南蛮"包括了苗、瑶等族的先民在内。南朝梁时，文献中出现了"莫徭"，指的就是瑶族。"莫徭"的出现，标志着瑶族开始从南蛮集团中分化出来，作为单一民族被内地汉族人们所认识。"莫徭"的写法一直沿用到唐代。宋以后，普遍使用"猺"字来作为瑶族民族史称的书面记录形式。此后，"猺"一直沿用至近代，新中国建立后才改写为"瑶"。[①]

从麽经的记载上看，多采用音近字来记录ji:u²一族称。但东兰2抄本所用的"猺"，显然和汉文献记录瑶族的用字一样，有民族歧视的色彩在里面。

总的来说，麽经表现出来的对瑶族的形象描述是这样的：居于山地，

---

① 苏建灵：《明清时期壮族历史研究》，广西民族出版社1993年版，第179页。

善冶炼之术，比"我族"鄙陋。壮民族与瑶族的关系，麽经的描述是互不相犯的，麽经的主人公在遭到追杀迫害之时，还逃到瑶族居住地避难。

历史上，壮族和瑶族的关系相对比较紧张。除了小规模的械斗（为争夺山林和田地）外，主要是壮族参与了统治阶级招募的兵丁，对瑶民起义大加镇压。比较著名的是明正统二年，浔州大藤峡的瑶族发动大规模反抗，明朝难以遏止，遂命广西总兵官山云调左右两江"俍兵"镇压戍守。明清以来史籍多有记载壮族对瑶民起义的镇压。然而对 $ji:u^2$ 的征战，麽经对此没有描述，这是比较令人耐人寻味的。麽经倒是有"祖公"、"王"、"王曹"与"蛮人（$pu^4 ma:n^2$）"交战、与"蛮人"夺印的叙述。可以推论，"蛮人"中有一部分指的就是瑶族。而隶属土官、归附了中央朝廷并交粮纳税的壮族，接受了从"蛮族"到"编民"身份的转型，否认了自身的"蛮夷"背景，转而把"蛮"的帽子戴到别的少数族群的头上。这也可以看作边疆族群认同国家的一个"自观"的写照。

三、和交人的关系

麽经提到的"布交"，《译注》的解释是这样的：（1）交趾或交州人的简称。"布交"一般为壮族对古交趾郡即今越南人的俗称。由于壮族地区与越南毗邻，部分又分布于云南东南部和贵州西南部，而云南、贵州古代置有交州，故从地域来看，流传于红水河一带的麽经所言及的"布交"，与贵州的古交州有关；流传于右江一带和云南西畴的麽经所言及的"布交"，与古交趾郡人和交趾城人有关。（2）今一部分壮族的他称。居住在广西横县飞龙乡的壮族约 2 万人，由于其使用的方言与附近的壮语有差别，附近的壮族习惯称他们为"布交"、"温交"，即"交人"。"布交"亦是自古有之并延续至今的壮族的一个支系（《译注》1450 页）。

麽经有多处提到"交人"，如：

东兰 5，1889—1892，古时天大旱，人们没有水没有粮，于是逃到对面河，来到交人（$tce:u^1$）的地界。交人不让进寨子，后来双方头人经过谈判，知道大家都是同姓兄弟，于是交人迎接人们进村。交人借给逃荒的人粮钱，借给田地耕种。虽然是兄弟，但借交人的粮钱时还要写借据。

女儿嫁到河那边，与交人成亲。

虹儿去打猎，去到交人地盘，被交人骂。虹儿就去泉边打鱼，打不到鱼却捞出一把五角刀。虹儿就用刀与交人斗法，交人逃到百猪百象国。虹儿请来"任其"（人名）兵马支援，把交人打败。交人诅咒"任其"，各种灾难不断，"任其"去问布洛陀、麽禄甲，回来杀牛祭祖，灾难才消失。

田阳 7，汉王和祖王相争，走投无路的汉王逃到交趾。

东兰 2，王儿们去河里打鱼，去山里打猎，有人来报，说交人在家里调戏王儿们的媳妇。众人跑去追杀交人，并派两个小伙子去找"任其"出兵打交人。"任其"来到交人领地，共杀交人九千三，逼剩下的交人去种田种地。交人抗议诅咒，"王"家中灾难不断。"王"去请教布洛陀、麽渌甲，回家卖田买牛、猪、米酒，宴请交人和他们的父老，举行和解仪式，从此和交人河相通地相靠，好事不断，世代和睦，天下太平。

东兰 3，2214 页—2224 页，"王"去山里打猎，交人在"王"家里抱"王"的妻子。"王"追杀交人，杀死交人数千。结果"王"遭到报应，经布洛陀、麽渌甲指点才和交人和好如初。

从麽经的叙述看，壮族和交人的地盘山水相连。和交人的关系，有相互结仇的，也有互助相处的。和交人结的仇，不外乎两个原因：不小心进入交人地界，引起纠纷；交人趁主人外出的时候，调戏侵占主人的妻子。麽经对追杀交人多有描述：交人行动敏捷，跳过城墙，跳过江河，跳过溪水和草丛。抓到交人之后，交人往往还会或求情或狡辩，最后逃走。主人公攻入交人领地，剿灭交人之后，剩下的交人还会诅咒，引来各种灾祸。

麽经反映出来的和交人的关系，纠纷争战相对较多。当然，地盘衔接是一个原因，另一方面，麽经把这归于交人不光彩的侵扰和妖怪在作祟。

在排除掉"交人"乃古交州人和壮族某一支系这些情况后，壮族和"交人"的关系，主要是壮族和交趾人的关系。交趾于唐末宋初势力大增，逐渐崛起。交趾（其后是大越国、安南）对广西地区的多次侵扰，史多有载。如宋宝元年间，交趾入侵壮族居住地七源州；至道元年（995 年），大越国进犯如洪镇，"略居民，劫廪实而去"，熙宁九年（1076 年），"交趾陷邕州，知州苏缄死之"；元封二年（1079 年），"交趾归所掠民"，神宗"诏以顺州赐之"[①]。元朝与安南的关系基本正常，但边境地区的冲突仍时有所发生；明代，与安南的交往，既有和平友好的往来，也有兵戎相见的战争，史籍屡见双方在边境发生纠纷的记载；清代，两国关系较前代密切，边民自发的移民增多，中国边民与越南人民的关系也较前代和睦。麽经对这种既和平共处又屡有纷争的局面也有反映。麽经对"交人"的形象描述是这样的：精明狡黠，出没迅捷，对"我族"怀有戒心，常趁人外出时入室占人妻女。遭追赶时身手矫捷，跳过城墙，跳过溪水和草丛，被逮住之后或求情或狡辩，得以逃脱。"王"杀入交人地界歼灭他们之后，剩下的交人还施法术报复"王"。麽经的多个抄本对此都有相似的程式化描述。对"交人"形象的

---

①　方铁主编：《西南通史》，中州古籍出版社 2002 年版，第 406 页。

符号化，既是两族人民历代纷争的一个反映，也有壮族对交人"非我族类，其心必反"的文化想象在里边。

四、和央人的关系

麽经记载了一个叫"pu⁴ ja:ŋ¹（或ʔja:ŋ²）"的族群。

那坡本，2914 页，布麽驱使"邪鸦"离开本地，提到了邪鸦住在"降"人疆域（mi:ŋ²ʔja:ŋ²）和交趾疆域。

百色 1，1261—1274 页，百色 2，1296—1311 页，有这么一个大同小异的情节："王（土官）"争权夺利，掠夺地盘，追杀"甫襄（pu⁴ ja:ŋ¹）"，争夺他们的财物。"甫襄"奋起反抗，决心要反抗报复。他们祈求并暗用巫术，使土官连遭灾祸。土官请布麽向祖神布洛陀和麽渌甲祈祷解脱。布麽又向"甫襄"劝说，称"怨怪"是殃祸的根源，应该一起消除精怪，求土官与"甫襄"之间的冤仇调和化解。

百色 2，汉王祖王两兄弟相争，让"甫樣（pu⁴ ja:ŋ¹）"纳贡。"甫樣"承担不起纳贡，遭到了扫荡抄劫。"甫樣"决心"哪怕是制造箭和弓，哪怕是做二次鬼"也要反抗报复。他们暗中咒放"白马"、"五海"等凶怪，致使"王"家破人亡。

百色两个抄本都提到"甫襄"（或"甫樣"）擅长铸造和打造手镯、耳环，圈养水牛，如此看来是一个和当地壮族有所区别的一个族群。《译注》指出他们是右江盆地及右江以南石山的"央人"。"甫襄"（或"甫樣"）因贫穷交不起贡赋，遭到"王"的抄劫，实质上是土司制度下民族冲突的表现。统治者在土官制基础上在广西设置了大量的土官、土司衙门和大批巡检司，土司势力渗透到了广西的各个地方。土司势力的膨胀，争夺地盘和财产，进一步恶化了紧张的民族关系，民族起义接连不断。"甫襄"（或"甫樣"）诅咒报复，就是民族反抗的一个折射。由于缺乏相关历史文献记载，我们已经无从得知央人的反抗运动了。现实的情况是，央人的分布区域大为缩小。在麽经年代，百色尚有央人，如今已经没有了。李锦芳（1999）指出，"布央"系壮语称谓，意即外来的、生活习俗及语言与壮族有一定相似但又不相同的民族集团。现今的布央人分布在云南省东部的广南、富宁二县及相邻的广西那坡县，共计 2000 多人。我国的民族识别没有把布央人归入一个单独的民族，富宁、广南的布央人归入壮族，那坡布央人因其头巾图案似瑶锦，50 年代被认定为瑶族至今。[①] 梁敏、张均如（1996 年）指出，贵州西部和广西的一些地方保留了不少与"央"、"布央"有关的地名，

---

① 李锦芳、周国炎：《仡央语言探源》，中央民族大学出版社 1999 年版，第 2 页。

当地志书中记载的就更多了。一些民族的传说也说明了当地历史上有央人的存在。如贵州兴仁、兴义等地的不少布依族传说当地的水田都是古代布央人开垦的，所以每年六月初六他们都要杀鸡备酒去祭"布央田"，以示不忘布央人开垦耕地的辛劳。可见古代布央人的分布比现在广得多。由于种种原因，布央人都陆续迁离了。梁敏、张均如进而推测，布央人的迁徙路线是经过邕宁，沿右江一带到达广西西部和贵州西南部，最后进入云南东部地区[①]。麼经抄本中，提到布央的只有右江沿岸的百色 1、百色 2 和滇桂边境的那坡本，可作为布央迁徙的一个旁证。而迁徙的原因之一，是沉重的赋税和随之而来的民族压迫。

麼经记载的有关民族关系的内容，让我们看到了壮族和别的族群的关系。里边涉及到的民族矛盾、民族争战，麼经从"自观"的角度得出的解释是：有殃怪在作祟，所以起纷争。只有祭请神灵，才能消除殃怪的根源。

马克思认为，"在古代，每一个民族都由于物质关系和物质利益（如各部落的敌视等等）而团结在一起"，[②]又说："人们奋斗所争取的一切，都同他们的利益有关。"[③] 民族关系问题，透过种种表象究其实质，的确多与利益有关。利益的内涵是多方面的，不仅有物质利益，还有政治利益、文化利益等等。另一方面，对别的民族的形象定位、文化想象，也能对民族关系产生反作用。麼经记录者没能看到民族关系的实质，但从另一方面给了我们这样的启示：对"他者"的文化想象很大程度上影响了和"他者"的民族关系。对"他者"的形象概括，来源于现实的族际交往，对"他者"的文化想象形成之后，反过来又影响了对"他者"的判断，进而影响到民族关系。

麼经里反映的民族关系，经历了从"化外"、"檄外"走向"化内"、从冲突走向磨合、从磨合走向和解、从和解走向融合的曲折发展过程，文化认同在其中起了重要作用。当然由于时代的限制，我们从中仍可看到那些带着偏见的观念：来自恐惧，猜疑、互不信任以及无法理解他人的标识、符号、世界观、价值标准和生活方式。

第三节　麼经里的地名

地名是人们在社会生活中为地理实体、居民聚落和地域区划所取的名

① 梁敏、张均如：《侗台语族概论》，中国社会科学出版社 1996 年版，第 48 页。
② 《德意志意识形态》，见《马克思恩格斯全集》第 3 卷，人民出版社 1960 年版，第 169 页。
③ 《第二届莱茵省议会的辩论》（第一篇论文），见《马克思恩格斯全集》第一卷，人民出版社 1960 年版，第 82 页。

称，是特定的一种语言符号和人类活动的历史印记。地名属于语言范畴，地名的构造类型、特征的差异是语言的不同所致。地名也是一种民族文化现象，因为地名在文化的发展过程中，充当了运载、传播的工具和角色，是文化词汇学的研究对象。所以本节的内容，就是通过对麽经记载的地名的分析，找出壮族社会的相关文化信息。

麽经记载了大量地名，其中大致可分为以下几类：

（一）以壮语固有词命名的地名。如田阳 4，2734 页的"那头落（na²tɕau³la：k⁸，头落田）"、东兰4，2357 页的"巴祖義"（pa⁵ɕu¹n̥i²，州宜坡），百色 3，2982 页的岩枯考（ŋa:m²ko¹ka:u³，樟树坳），巴马 3，530—532 页，羅蓬（la³puŋ²）、墦莫（do:i¹mo:k⁷）、峝那元（toŋ⁶na²juɐn²），伏浅（fa:k⁸ɕa:n³）等。这些地名属于底层的壮语地名。这些地名大都能在麽经抄本所在的地区找到。但也有今址不详的，大都因为底层的地名重名过多，难以确定麽经抄本说的是哪一个。每个民族都有自己民族文化的核心部分，即民族的"底层文化"。这部分地名和壮族地区的山川、河流、谷地、水泽、岩洞、林地等地貌特征紧密相连，是壮族底层文化的表现。

（二）已被汉文化浸润或覆盖的地名。

有壮语汉语结合的地名，如田阳4，2734，"那八仙（na²pet⁷ɬiɐn¹，八仙田）"，巴马 3，532 页，"塘高帝（tam²ka:u³tai²高帝塘）"，巴马 3，532 页，"車玉（po¹huu¹，玉坡）"等。这部分地名是语言和文化在某一地区互相接触和交流的结果。

有用音近字表示的汉语地名。如田阳 8，1042 页，"貴洛/kvi⁵ la:k⁸"，即归乐。唐代设有归乐州，持续到元朝。新中国成立后为白色县永乐乡所在地。田东 1，1367 页，"貴德（kvai⁶ tak⁷）"、"吃乙（huu¹e:t⁷）"、"貴寸（kvai⁵ ɕin¹）"。貴德即归德，宋代的归城州（今百色市右江区）和万德州（今百色市平果县）的合称。貴寸即归顺州，今百色市靖西县。吃乙即乙圩，在今河池市巴马瑶族自治县境内。田阳 7，2659 页，"四城（ɬi⁵ ɕiŋ²）"，即泗城军民土府，简称泗城府，府治在今广西凌云县。东兰2，1587 页，买州（hu³ ɕu¹）"，1609 页，"母州（hu² ɕu¹）"，即梧州。那坡本，2913 页，送邪鸦到"楊州（ja:ŋ²tsou¹）"，楊州即扬州，认为楊州是个富庶的地方，在那里生活比较容易。该观念应该是在汉文化传入，"上有天堂，下有苏杭"之说在壮族民间得以深入人心之时。巴马 10，"五當山（u³ ta :ŋ¹ ɕa:n¹）"。巴马 8，2428 页，"武堂山（u³ ta:ŋ⁶ ɕa:n⁶），田阳 8，1026 页，"五當山（u³ ta :ŋ⁶ ɕa:n⁶）"，指的都是道教名山武当山。麽经认为只有把殃怪送到武当山才能镇得住，这应该是道教传入壮族地区后才有的观念。以上这些地名，所用的字是音近字，不是所指地名的确切汉字记录，这说明了麽经作者对这些地名的了解，不是通过书本的文字记录，而是口耳相传得知的。在这一点上，体现了麽经的口传叙事性质。

有些地名，离麽经抄本的所在地很远，说明了这些地名具有较大的影响力。如东兰3，2161页的"苗达圆（mi:u^6 ta^6 jiən^2）"，壮语"寺"、"庙"不分，这里指广西柳州大云寺。该寺建于武则天天授元年（690年）。先是在柳江河北岸建造四座佛寺，后又在南岸另建拥有房舍三百间的寺庙一座，总共建僧房九百间。住持僧尼数百人。二寺建好后，不久毁于大火。元和年间，柳宗元任柳州刺史，修复柳南大云寺。远在东兰县的麽经提到了大云寺，说明该寺知名度很高，从一个侧面也反映了佛教在壮族地区有一定影响。

田阳7，2659页，巴马3，530页，都提到了"四城（ɬi^5 ɕiŋ^2）"，泗城，即泗城军民土府，简称泗城府，府治在今广西凌云县，离田阳和巴马都有百多里距离。泗城，北宋皇祐年间置羁縻州，元属田州路，明属于广西布政司，清顺治十五年（1658年）升为泗城府，改土归流前势力强大的泗城军民府岑氏土官，不仅统治着红水河南岸包括广西凌云、乐业、百乐、西林、田林、凤山、隆林等僮人（今壮族）地区，甚至也统治着红水河北岸今贵州省兴义的一部分及安龙、贞丰、册享、望谟、罗甸等县的仲家人（今布依族）地区。两个抄本提到泗城，是泗城土司势力强盛时代的记忆遗存。

麽经地名中比较具有历史文化研究价值的是超度亡灵时念的经文提到的一些地名。我们知道，一些民族的"殡亡经"、"指路经"等就有大量地名。在这些民族的观念里，人死了，灵魂要到祖先居住的地方去，这时就要念经给亡灵指路。所提到的地名和路线，大都和本民族的迁徙历史有关。

壮族作为一个土著民族，大规模的被动迁徙是比较少的，因此在超度亡灵的时候，所提到的地名，大都范围较小，或者大都泛指，少有确指，一般是越过几座山，跨过几条河，走过几条街这样的叙述。

然而在东兰2，1587页，却提到了一些遥远的地名。布麽给亡魂引路，先是巡游到了叟州（hu^3 ɕu^1）"、"全州（ɕuən^6 ɕu^1）"、"廣州（kva:ŋ^5 ɕu^1）"、"雷州（lau^2 ɕu^1）"等地。这些都是好地方，但有人把守相杀。还是田州（te:n^2 ɕu^1）地方好，那里有好田地，好坟地，那里有情人来相会，情人扶过桥，情人的铜桥三庹宽，让亡灵轻松过去，越走前方越宽，越走前方越广，那里才是亡灵应该去的地方。"叟州"即梧州，今广西梧州古为苍梧，唐置梧州，以苍梧为治所，始有此名。明清有梧州府；"全州"，五代楚分永州置全州，民国为全县，今为全州县。广州，吴国永安七年（264年）分交州置广州，辖境兼有今广西一部。以后辖境逐渐缩小。今广州市即古广州治所番禺；雷州，唐贞观八年（634 年）以东合州改名雷州，治所在今广东海康县。天宝元年（742 年）改为海康县郡，乾元元年（758 年）复为雷州，宋元明清一直沿用，直至 1912 年废。这些地名在今桂东和粤西地，麼经的作者，似乎不大可能走出闭塞的桂西，提及这些在地理上相隔甚远的地方，这是疑问之一；田州，宋始置羁縻田州，治所在今广西田阳县。元、明代都沿用"田州"名，清光绪撤销田州土府，划归奉议县和恩隆县，1935年置田阳县。田阳位在东兰县之南，东兰麼经告诉亡灵应该去的地方是"田州"，那里是祖先灵魂的所在地，这是疑问之二。

我们认为，麼经提到的这些地名，和广西"俍兵"的历史有关。俍人，在明代是桂西左右江、红水河流域土司地区的土著。土司制度下，土司必须随时准备率领土兵以供征调，为中央王朝奔走卖命。从明中叶开始，桂西田州土司地区大量的俍兵及其家属随官军出征。明嘉靖二十九年（1550年），海南黎民起义，广西田州知州岑芝率兵镇压，死于沙场；嘉靖三十四年三月，田州土官妇瓦氏夫人率俍兵六千人转战江浙，大败倭寇。明中期以来，桂东大藤峡的瑶民起义波及到粤西，平定"傜乱"成为两广共同面临的问题。由于广东地方军力不足，朝廷只好向广西借兵，俍兵就是这时候从桂西土司地区田州征调来镇压"傜乱"的。"傜乱"之后，靠近大藤峡的广东高、雷、廉、琼、肇庆五府地僻民稀，致使"傜僮"得以乘虚而入，有鉴于此，名将韩雍在平定大藤峡"傜乱"后随即挥师东征，俍兵也被征调随行。康熙《广东通志》记载："时高、肇、雷、廉为流贼所劫掠，百里无人烟。雍调湖广茅冈土兵号钩刀手与广西田州、泗城土兵，遣偕信将之。"[1]

这些征战各地的俍兵，或多年征战戍守后终回故乡，或辗转流落，在屯兵之地繁衍后代，客死他乡。对征战地点和遥远故乡的回忆，便化作了麼经指路经的相关内容。人死之后，灵魂要回到祖先居住的地方，那里是极乐世界；沿途所经过的地方，有人把守相杀，不能久留。地名在这一点上，反映了"俍兵"东征的历史信息。

以上从社会演变、民族关系、地名三个方面分析了麼经的文化内涵和历史信息。

麼经布洛陀作为一种民间叙事，其很大一部分内容是在讲述本民族的历史。对缺乏文献记载的少数民族而言，对历史的追溯，就更依赖民间神话与传说了。虽然在史学家眼里，这不是很可信，但要全盘否定，也不是

---

① 转引自李小文《边疆族群·国家认同·文化创造——以一个俍兵家族的变迁为例》，《求索》2006年第 6 期。

一件容易的事情。于是乎，以神话传说来佐证历史，以历史的视角来研究神话传说，总是有很大的发挥余地。不过，本文尽量避免做类似拼图般的文化复原工作。在每个时空里，都有过去文化记忆的留存，也都有产生新的文化记忆的可能。麽经的每一个叙事细节，都代表着一个文化记忆的片段；而每个时空下对于这些片段也会有不同的诠释与理解。诚然这些文化记忆的片段，像是一片片散失的拼图，与现在我们认知的"真实"有着一段距离，所以研究者应该求索记忆的"原型"来处，为这段距离找出填补、系连的可能性。"但是，那一片片拼图的拼接互凑，亦即新旧文化记忆掺杂痕迹的辨识，或者才是这种文化拼图工作所应该致力关注的，惟其如此，方能复原每个时空里的文化记忆。"① 由于学力所限，本文只能揭示一部分表层的历史文化信息。

---

① 钟宗宪：《求索文化记忆中的神话拼图》，《民间文化论坛》2005 年第 2 期。

结　语

　　麽经布洛陀从总体和本质上看，可视为壮族原生态文化的百科全书，具有文字学、语言学、宗教学、考古学、人类学、民族学、民俗学、社会学、伦理学等多学科的研究价值。本文从语言学角度入手，对麽经布洛陀的语言文化内涵进行了研究。

　　麽经从口耳相传发展到用方块壮字记载而形成相对固定的经书，这其间的漫长过程使它积淀了不同历史时期、不同地域、不同方言土语等方面的语言和文化信息。

　　从文字上看，麽经方块壮字和壮族方块壮字是同一个体系，方块壮字的造字原则有人类文字产生的共性、语言类型所带来的必然性，也是文化接触与交流的结果；各地麽经壮字用字的不同，体现了壮语方言的内部差异和汉语方言流播史；字形和字音之间的关系，可以研究汉语方音的演变和壮语语音的分化和演变。

　　从词汇上看，麽经包含了丰富的宗教术语、古词、方言词、量词、临摹词等。有些词的用法口语里很少出现或已经消失，但仍保留在麽经里，对它们进行分析归总，一方面，可以看到方言分化与形成、语言系统内部的构词方式特点和发展演变过程，对壮语方言词典的编纂、壮语史的研究以及壮语词汇学的理论研究等具有可贵的参考价值；另一方面，从中可以看到民族迁徙、生态变迁、社会演进、族群交流的痕迹。

　　从语法上看，壮语的特殊语法现象及一些语法化过程在麽经里都可以找到相关实例。这就给我们研究壮语语法提供了共时和历时两方面的语料。语法现象是社会语言系统演变的结果，社会生活的变化和文化接触也能对语法产生一定的影响。一些语法化轨迹体现了语言的共性，属于类型学范畴。

　　从语用上看，麽经作为宗教典籍，其语用有一定的特殊性。本文只分析交际方和交际成分这两个方面，在"布麽能通神鬼"这一观念背景下，布麽一人充当多个角色，这些角色特征都深刻地制约着交际活动。神鬼仍然在位，现实的听众也不能忽略，布麽组织各项语义内容，强化限定或扩展肯定或异化其中的某些信息，达到了较为合理的组织话语的目的。

　　从内容上看，麽经使用的是超然的宗教语言，但如同其他所有的文化创造一样，民间信仰的任何内容和意义的转换，都有其社会生活变迁的现实基础。麽经不是有意识地记录历史，但作为一种古老的口承叙事，它具有历史的黏着和多层的积累，经过不同时代的传承，打上了不同历史时代的印记，因此具有特殊的文化史价值，给我们研究壮族古代历史提供了极为宝贵的资料。

　　作为一种民间叙事，麽经布洛陀具有反映民众心理、民众思想和趣味、真实反映与自由想象相混杂、与主流文化既矛盾又统一、既对立又互补的特点。民间叙事作为民众心理结构的一种物化形态，与官方叙事、精英叙事是迥然不同的，它更原始、更朴素地不受意识形态的污染和人为的刻意雕饰。别林斯基认为："每个民族的民族性的秘密，并不在于他的服饰和餐事，而在于他对理解事物的态度。任何一个民族都有两种哲学，一种是学术性的，书本上的，庄严而堂皇的；另一种是日常的，家常的平凡的。这两种哲学，往往或多或少地互相关联着，谁要描绘社会，那就得熟悉这两种哲学，而研究后者尤为重要。"[①] 由于叙事角度和故事素材都是本民族的，麽经布洛陀向我们展示了特定历史阶段壮民族的生活风貌及心路里程，为我们从本土视角探讨壮族社会历史文化提供了丰富的原始素材。

　　壮族历史上缺少系统的有关本民族的历史、文化、语言等方面的文字记载，《壮族麽经布洛陀影印译注》的出现弥补了这方面的空白。麽经布洛陀内容包罗万象，涉及到壮族的语言、文化以及地理、自然环境等各个领域。虽然经文叙述显得驳杂，有些地方甚至相互矛盾，但对之进行认真的分析研究，就能从看似一个共时体的平面里分析出壮族语言历史文化发展的历时性因素。通过揭示麽经语言面貌，为综合了解壮族的社会发展、历史变迁、文化内涵等状况提供一些资料和依据，使麽经文真正成为我们研究壮族语言和文化的重要文献。

　　语言是外显的思想，从语言角度解读麽经布洛陀，不仅能推动壮语言本体研究，更能帮助我们把握认知壮族的思维概念、社会变迁、宗教信仰、文化心灵。深度解读麽经布洛陀，则是从"自观"角度让世人了解壮族文化社会方方面面的可靠路径。幸亏有这些文字记载，我们才可能在数百年后，接近那些凝固而又流动的历史发展进程和社会遗产的沉淀所形成的文化和心灵世界。今天我们阅读这些典籍，察知这些文化意涵，也提醒我们仍需更深审视这些典籍。本论文只是从很有限的几个方面切入，对麽经布洛陀的语言和文化内涵进行了相关分析和研究，与凝聚了壮族语言文化的

---

　　① 转引自（苏）谢尔盖叶夫斯基《普希金的童话诗》，新文艺出版社 1954 年。

方方面面的厚重的经书典籍相比，本文的研究结论显得如此单薄。触及以往一些麽经布洛陀研究的死角和含糊其辞的地方，这正是本文的兴趣和目的所在，也是麽经布洛陀语言研究的意义所在。由于作者水平有限，文中必有许多不足之处，望方家不吝赐教。